Pinceladas DE LIDERAZGO

Castillo, Rogelio Héctor
Pinceladas de liderazgo : libro 1 / Rogelio Héctor Castillo. - 1a ed . - Córdoba : Ediciones Bara , 2018.
248 p. ; 20 x 14 cm.

ISBN 978-987-46672-3-6

1. Cristianismo. 2. Devocionario. I. Título.
CDD 242

Para comunicarse con el autor:

+54 9 351 557-7844
rogeliocastillo56@yahoo.com.ar

Corrección, diseño de Interior y E-book:

edicionesbara@gmail.com

Pinceladas es el registro de mis devocionales. No tienen un orden establecido. El índice no indica una secuencia de lectura. Sino una manera de presentar el contenido a la imprenta.

Cada edición de "Pinceladas de Liderazgo" contiene ciento veinte reflexiones. La idea es que dispongas de lunes a viernes un material que te ayude a seguir esforzándote y ser valiente en eso de influenciar a otros. Es decir que cada tomo de Pinceladas te puede acompañar aproximadamente seis meses. El plan de impresiones permitirá que tengas uno en el mes de junio y otro en noviembre de cada año a partir del 2018.

Como ya he guardado durante cinco años las reflexiones, espero que disfrutes durante mucho tiempo de las emociones que surgen al leer lo que Dios me dijo en lo privado.

SUGERENCIA PARA DISFRUTAR PINCELADAS DE LIDERAZGO

Durante estos cinco años, abrí cada inicio de la jornada laboral, la Biblia. Donde caía la vista, allí venia la reflexión. Terminada de escribir tanto el "listado de principios" como la reflexión, redacte una oración personal como respuesta a lo que Dios me dijo. Luego, volviendo a abrir la Biblia al azar, surgió el pasaje que está debajo del título "Esto dicen las Escrituras." Por más que hace cincuenta años que leo, medito, estudio la Biblia, nunca podría haber logrado ensamblar reflexión con esos maravillosos textos escondidos que calzan como anillo al dedo. Por eso están, la mayoría en primera persona.

Por lo anterior, mi sugerencia es que hagas lo mismo. Después de orar para que el Espíritu Santo, que sabe lo que necesitas, te hable, abre al azar el libro. Al pie hallaras unos cuadraditos para poner una señal de que ya lo leíste. Pero si no te gusta la propuesta, lee como te guste. Escogiendo el que te vaya capturando la atención, o en el orden que figura en el índice. Lo importante no es el cómo leer, sino lo que va a suceder entre vos y Dios por medio de "Pinceladas de Liderazgo."

SE GENEROSO CON ESTA INVERSION QUE HAS HECHO

Ya sabes que si siembras cosechas, que Dios bendice al que es generoso. Por ello, hemos insertado varios cuadraditos al pie de cada reflexión. La propuesta es que permitas que una o más personas con la cual compartes el hogar, también disfrute de lo que Dios quiere decirle a esa o esas personas. Ponte de acuerdo con ellas en que cuadradito ponen la marca que significa: "ya lo leí."

GRACIAS POR SER MEDIO DE PROVISION PARA MIS VIAJES MISIONEROS

Con la ganancia de cada libro puedo financiar mis viajes misioneros. Por ello, muchas, pero muchas gracias por ayudarme a cumplir los propósitos que Dios tiene con cada uno de ellos.

Te saluda
Rogelio H. Castillo

Te invito todos los miércoles a ir a Facebook y encontrarte con una "Pincelada de Liderazgo."

Contenido

——— Malaquías 2:10-17 ———

1. Siempre debo dar explicaciones del por qué hacer o no hacer algunas cosas. V.10.

    * Somos todos hijos de un mismo Padre. V.10.

    * Todos somos creados por la misma persona. V.10.b.

2. Hay cosas que impiden la recepción de las ofrendas. V.12.

3. Hay una cierta forma de expresar el hartazgo que se me permite utilizar. V.12. "¡Que acabe, Dios...!"

4. Debo cuidarme de que se me acuse de "ver y no hacer nada para impedir que la cosa ocurra." V.13.a.

5. Dios vio y ve todo lo que he hecho o estoy haciendo. V.13.b.

6. Debo cumplir con los compromisos libremente asumidos. V.14.

7. Al igual que Dios, todo lo que "cree" debe tener un "para qué" que explique su existencia. V.15.

Reflexión

"Al igual que Dios, debe existir odio de parte tuya hacia una lista de "cosas," "actitudes," etc."

El hábito de hacer listas es una herramienta muy importante para la salud de mi liderazgo. Tiene múltiples beneficios. No solo me ayuda a recordar lo importante, también a no olvidarme de los detalles, de lo que es prioritario pero no urgente. Psicológicamente me ayuda a tener claridad simultánea sobre lo que "debo enfrentar," lo que "tengo y no tengo."

Pero hay otro valor oculto en eso de ser hábil en esto de "hacer listas." Me obliga a desarrollar mi capacidad de decidir en base a confiar en los principios bíblicos. Cada lista "pone" y "deja afuera" cosas. A medida que logre coordinadamente dar importancia en mis listas a lo "urgente" y lo "prioritario," lo "grande" y lo "pequeño," lo "agradable" y lo "desagradable," etc., por medio de los tres pilares del pensamiento de Jesús (amor, fe y esperanza), mi liderazgo crecerá.

Los criterios en esa selección pueden ser positivos o negativos. Pero siempre que haga una lista es porque el tiempo de postergar decisiones se terminó. Y aunque no siempre quisiera que fuera verdad, es verdad eso de que "todo tiene su tiempo bajo del sol."

Listas hay muchas. Los items que constituyen cada lista pueden variar en número. Pero hay dos listas que nunca puedo dejar de hacer y de tener certeza de que no quedó ningún ítem afuera. Esas listas deben tener por título: "Cosas que Dios odia." Y la otra: "Cosas que a Dios lo ponen muy contento." Muchas de mis quejas tienen su origen en la no existencia, por escrito, de estas dos listas.

Mi Oración

"Aumenta mi odio hacia las cosas que Tú odias. Incrementa mi gratitud por la capacidad que tu Espíritu Santo me da de hacer y sentir placer, por pensar y hacer las cosas que alegran mucho a tus emociones."

Esto dicen las Escrituras

"Eres débil y pequeño, pero no tengas miedo, porque cuentas con mi ayuda. Haré que destruyas a tus enemigos. Los dejarás hechos polvo. Los lanzarás al viento como un montón de paja y la tormenta se los llevará. Cuando eso suceda, te alegrarás y harás fiesta." Isaías 41:13-16.

Marcos 7:31-37

1. Toda tierra es buena para manifestar el poder de Dios. V.31.

2. La gente que viene con ruegos originados en sus necesidades. V.32.

3. Hay acciones que deben hacerse lejos de la mirada de la gente. V.33.a.

4. Hay métodos y métodos para solucionar una misma necesidad. V.33.b. Ver sanidad otros sordos.

5. Mirar al cielo, suspirar y ordenar, es una buena secuencia a la hora de enfrentar cosas difíciles. V.34-35.

6. La gente no hace caso a lo que uno ordena. V.36.

7. El conocimiento parcial no revela quién es la persona que está hablando y obrando. V.37.

Reflexión

"No hay métodos universales para solucionar una misma necesidad."

Hay una tendencia a creer que lo que funciona una, dos, tres, o muchas veces va a funcionar en todas y cada una de las mismas circunstancias o necesidades. Los métodos que utilizó Jesús para satisfacer una misma necesidad, la de los sordos, ilustra que no hay métodos universales, solo principios espirituales.

Hay formas de resolver necesidades que no solo atentan contra el sentido común sino que son rechazados por resultar repulsivos, ofensivos. Dios por ser Dios resuelve los problemas de la gente a "su" manera, lo cual implica que a veces hay "que irse a bañar a un río sucio para ser limpio de la lepra". Otras veces, para ver hay que recibir una flor de escupida en el ojo. Pero otro ciego, para ver tuvo que aceptar ser "embadurnado" en la cara con barro. Y un tercero, que estaba preparado para cualquier otra asquerosidad con tal de ver, todo lo que tuvo que hacer fue oír: "¡Quiero, sé sano!" Es que Dios es especialista en envolver milagros en formatos extraños. Como líder debo incrementar mi capacidad de aceptar que hay caminos de provisión de las necesidades o solución a los problemas que son muy extraños.

Las teorías de resolución de conflictos son buenas mientras no limiten mi capacidad de sometimiento a lo que es la soberanía de Dios. Hay respuestas divinas a las necesidades que no son las políticamente correctas; no entran en la categoría del sentido común, que no hace falta ser un genio en el comportamiento humano para darse cuenta que van a ser rechazadas por la mayoría. Por eso, hay momentos en que, una vez que hay certeza de que lo que para algunos será locura o asquerosidad, es orden del cielo, solo queda mirar al cielo, suspirar y hacer lo que Dios ordena. En ese caso, el método asqueroso siempre levanta aplausos en el trono, porque en última instancia, lo que importa no es la forma en que hago las cosas, sino el por qué hago lo que hago. La forma correcta sin obediencia, es basura a los ojos de Dios.

Mi Oración

"Quiero hacer solo lo correcto delante de tus ojos. Gracias porque en la mayoría de las veces eso no resulta ofensivo a mis hermanos. Pero cuando eso no sucede, aumenta mi decisión de hacer las cosas a tu manera, cueste lo que cueste."

Esto dicen las Escrituras

"Cuando te hable, cumple fielmente las ordenes que te dé." Salmo 99:7.

Marcos 12:12-17

1. Lo que hago afecta mucho de manera negativa a los intereses de algunas personas. V.12.

2. Las trampas a veces son enviadas por medio de terceras personas. V.13.

3. Lo que digo puede ser utilizado para hacerme caer. V.14.

4. Debo aprender a identificar a los que son hipócritas. V.15.a.

5. Tengo que ser hábil en confrontar a los que no buscan mi bien. V.15.b.

6. Siempre es bueno utilizar la ayuda del enemigo para derrotarlo. V.15.c.-17.

7. Las preguntas bien formuladas acortan camino. V.16-17.

8. A cada cual lo que le corresponde. V.17.a.

9. A veces, escuchar las respuestas provoca mucho asombro. V.17.b.

Reflexión

"Lo que hagas va a afectar mucho de manera negativa los intereses de algunas personas."

Siempre que hay liderazgo eficiente y eficaz, van a surgir en algunos, sentimientos y actitudes que demuestran que se sienten afectados o amenazados en sus funciones. Los conflictos se producen porque surge el pensamiento de pérdida. Nadie se pelea cuando hay certeza de que solo hay ganancia por el trabajo o la participación del otro que solo quiere servir y nunca reinar. Pero cuando uno percibe que la corona está siendo sutilmente atraída a "cabeza ajena" los mecanismos de defensa se activan.

La lucha por el poder no siempre es abierta en sus comienzos. Entre que empieza y termina hay un proceso donde "trampas" de todo tipo se van poniendo en el camino del que es una "piedra en el zapato" de los que tienen intereses afectados.

La luz siempre afecta a la oscuridad. La generosidad sincera es un dedo en el ojo del que es avariento, mezquino. A nadie acostumbrado a andar a oscuras, le gusta que le pongan continuamente una potente luz frente a sus ojos. A nadie le agrada que le metan uno, dos y menos diez dedos en cualquier parte del cuerpo.

Las alianzas con el enemigo nunca dan resultado. Dormir con una serpiente venenosa siempre termina en una picadura mortal.

Es una estupidez entrar en discusiones con el enemigo que se viste de cordero. La calidad de mi liderazgo se demuestra en cómo reacciono ante el que es un hipócrita que se ha puesto el disfraz de santo.

Lo que deja muy asombrado al enemigo es cuando le devuelvo, como en el tenis, sus argumentos que utilizó para hacerme "pisar el palito." Al enemigo lo descoloca muy fuerte cuando le respondo con sus propias palabras pero a mi favor.

A los lobos disfrazados de cordero hay que darles lo que se merecen: Un buen par de cortos golpes dados con inteligencia, dominio propio y sabiduría.

Mi Oración

"Hazme crecer en mi habilidad de tratar con los lobos disfrazados de cordero."

Esto dicen las Escrituras

"No voy a permitir que tus enemigos se burlen de ti. Porque confías en mí, no voy a dejar que pases vergüenza." Salmos 25:1-3.

Mateo 21:33-46

1. Hay que aprender a escuchar a los que son ejemplos de principios. V.33.a.

2. Lo que uno hace debe tener un propósito. V.33.b.

3. El dueño pide la parte de lo que le corresponde. V.34.

4. La gente reacciona de diferentes formas ante lo que uno reclama como derecho propio. V.35.

5. La falta de respeto no desaparece por más que uno aumente la presión. V.36-39.

6. Hay preguntas que se responden a sí mismas. V.40-41.

7. Hay derechos que se pierden cuando uno los rechaza, cuando no los obedece. V.42-43.

8. Las personas quedan hechas polvo cuando la autoridad cae sobre ellos. V.44.

9. Lo que la gente piensa sobre uno determina lo que los enemigos quieren y pueden hacer. V.45-46.

Reflexión

"Lo que la gente piensa sobre ti determina lo que los enemigos quieren y pueden hacer contigo."

La coherencia sostenida en el tiempo que uno posee confiere dos cosas al líder: La primera, un creciente malestar en los que son "truchos" en lo espiritual. Ellos se sienten afectados no solo en sus conciencias sino en sus intereses mezquinos, carnales. La segunda es que los temerosos de Dios, los auténticos discípulos, se convierten en escudos que protegen al que es ejemplo, de las asechanzas de los malvados.

Por lo anterior es fundamental el cuidar la imagen que uno va construyendo en el camino. La cadena de micro momentos de autenticidad impide muchas veces que los enemigos puedan avanzar en sus deseos de sacar del medio al líder que es un estorbo para sus planes. Lo inverso es también verdad: Las pequeñas y grandes transgresiones a los principios divinos van dando origen a "agujeros" en la coraza que se posee y que en el momento apropiado para los enemigos, explican la caída de ese líder.

Sin embargo existe la paradoja de que cuanto más "opinión favorable" uno posee en la gente común, aumenta el nivel de posibilidades de que los "enemigos ocultos en la crema del liderazgo," se manifiesten para oponerse al que se "ha ganado el corazón de la gente." La envidia por el éxito ajeno es algo que, como los virus y los parásitos, todos tenemos en nuestro interior. Mientras uno se cuide de no alimentarlos, de no proveerles un "campo fértil" para su desarrollo, ellos están pero no pueden hacer nada. De allí que muchos líderes se "suicidan" cuando, por causa de la fama que poseen, se sienten con derechos a "darse los gustos pecaminosos" que, cuando recién comenzaban la "cuesta arriba" del camino que los llevó al éxito, se negaban. Ellos mismos disminuyen la "buena fama" que la gente fue atribuyéndoles. Y una vez que la confianza se pierde, todos sabemos que es terriblemente difícil el recuperarla.

Mi Oración

"Aumenta el número de la gente linda que te ama y que se convierta en mi escudo ante los enemigos que van surgiendo."

Esto dicen las Escrituras

"Tú eres mi primer amor. Si alguien te hace daño va a sufrir las consecuencias." Jeremías 2:3.

Mateo 26:31-46

1. Debo estar preparado para cuando los que están cerca pierdan la confianza en mí. V.31.

2. Dios devuelve la vida. V.32.

3. Hay promesas que surgen de las emociones, de la autoconfianza o de la incapacidad de captar lo que se viene. V.33.

4. Hay seguridades que no conviene tener. V.34.

5. Deberé responder a las afirmaciones que hago. V.35.

6. Es necesario estar acompañado cuando la tristeza es muy grande. V.36-38.

7. En el sufrimiento hay que tomar la decisión de que se quiere. V.39.

8. Existen momentos en que no se debe guardar lo que uno experimenta. V.40.

9. Las propias fuerzas establecen límites para ciertas cosas. V.41.

Reflexión

"Debes responder a las afirmaciones que haces."

La palabra cumplida fortalece las relaciones. Las promesas incumplidas desgastan la confianza depositada. Pero de una u otra forma, debo asumir las consecuencias que se producen por lo que digo o prometo. Los incumplimientos son como facturas escritas en el aire: "existen aunque no se vean". Cada promesa cumplida aumenta el monto del crédito del receptor de mi cumplimiento.

El maduro se hace cargo de lo que dice. El inmaduro busca la forma de no responder por la transformación del sí en no, o del no en sí. De allí que mi liderazgo se ve incrementado o disminuido en función de lo que digo.

Mis incumplimientos afectan a los que me rodean de diferentes formas; pero siempre van a causar efectos negativos en sus emociones y necesidades. Por eso, ante el reproche de "no hiciste lo que me prometiste, no hiciste lo que te pedí, etc.," si quiero explicar los motivos del porqué no pude cumplir con mi palabra, lo puedo hacer; pero eso no me libra de hacer restitución por el daño que provocó mi incumplimiento. En el liderazgo lo que cuenta no son las palabras pronunciadas sino los hechos que se producen por causa de las palabras.

Por lo anterior, debo ser firme en eso de no hacer afirmaciones y promesas sin medir las consecuencias o los costos que ellas demandan para ser cumplidas. Aquí o en la presencia del que siempre cumple con sus palabras voy a responder por cada palabra incumplida.

Mi responsabilidad como formador de discípulos, es ser muy firme en eso de vigilar que no exista ninguna promesa incumplida que no tenga su correspondiente explicación acerca del o los motivos del porqué no se ha podido hacerla realidad. Nada daña más la fortaleza de un equipo que el escuchar que no hay explicaciones del por qué hay afirmaciones que no se han transformado en hechos. Eso corre para las que hago y para las que otros del equipo hacen. Las cuentas claras no solo conservan la amistad sino que la fortalecen.

Mi Oración

"Haz que mi listado de promesas tenga siempre la palabra cumplida o la explicación de por qué el tiempo de su cumplimiento todavía no ha llegado."

Esto dicen las Escrituras

"Yo bendigo a quienes me adoran y gozan cumpliendo…" Salmo 112:1.

Sofonías 2:4-15

1. Hay razones que explican el porqué de las ruinas. V.4-7.

2. Los que se burlan del pueblo de Dios recibirán su merecido. V.6-11.

3. Dios mismo va a matar con su espada a algunos pueblos. V.12.

4. El orgulloso, que se siente muy seguro, que se cree incomparable, quedará hecho un montón de ruinas. V.13-15.

Reflexión

"Solo es cuestión de tiempo el hallar las razones que explican el porqué de las ruinas."

El crecimiento constante, el recibir el reconocimiento por parte de personas e instituciones de la grandeza que se posee, el permanente alcance de metas, etc., es algo peligroso para el inmaduro. Si no se redirigen los elogios al cielo, el peso de la corona va a aplastar al que se siente rey poderoso. Las caídas de los "grandes hombres" siempre tienen explicación para el que quiere hallarlas.

Los terremotos que dejan en ruinas a las ciudades, son en términos muy simples, liberación de grandes volúmenes de energías que vienen desde las profundidades de la tierra. Hay ciudades como Los Ángeles, que tienen una demolición programada. Ya se sabe con certeza el por qué va a quedar en ruinas. Y lo mismo pasa cuando se quiere explicar las razones por la cual un ministerio, un líder, una iglesia, una empresa, hoy es solo mojón que recuerda que hay principios espirituales simples que, si no se respetan, provocan el derrumbe de lo que en el pasado fue grande.

El liderazgo carnal, inmaduro en lo espiritual pero exitoso en lo humano, es para los seguidores como habitar al lado de una central atómica a punto de estallar porque está mal construida. El sabio cuando ve las luces amarillas del tablero de control, huye. El necio cree que solo es cuestión de tiempo para que todo vuelva a la normalidad.

Todo montón de ruinas tiene su explicación. El liderazgo espiritual es como el historiador que a su vez es arqueólogo. Busca en el pasado las explicaciones de por qué la gloria enorme que era propiedad de algunos, hoy es un montón de ruinas. El líder sabio siempre sabe que las opciones para construir son dos: construir sobre arena o construir sobre la roca.

Mi Oración

"Que lo que empezó bien en mi relación contigo, termine mejor. Dame sabiduría y revelación para detectar a tiempo las "micro" grietas de mi vida."

Esto dicen las Escrituras

"Por causa de mi enojo el fondo del mar queda a la vista. Cuando resoplo de enojo los cimientos de la tierra quedan al descubierto. La tierra se estremece, los cerros tiemblan por mi enojo. Pero a ti daré recompensa porque haces lo que yo quiero. Yo soy fiel con los que me son fieles. Trato bien a quien bien se comporta." Salmo 18:15, 7 y 24-25.

Zacarías 13:1-21

1. Siempre llega el día para lo que Dios ha decidido hacer. V.1-2.

2. Siempre llega el día en que Dios mismo lucha contra los que me atacan. V.3-4.

3. Dios hace cosas para que yo pueda huir. V.5.

4. Hay cosas que solo Dios sabe cómo serán. V.6-7.

5. Aunque existan cambios muy profundos, hay cosas que no cambian. V.6-11.

6. Dios genera miedos, peleas, pudriciones en los que me atacan. V.12-13.

7. Hay botín para el que lucha. V.14.

8. Los animales sufren por las decisiones de sus dueños. V.15.

9. El objetivo siempre es el mismo: Que la gente adore al Rey. V.16-19.

10. Todo debe ser propiedad exclusiva al servicio de Dios. V.20-21.

Reflexión

"Todo debe ser propiedad exclusiva al servicio de Dios."

Las palabras crean realidades. Por eso el que me digan "hijo de Dios, amigo de Jesús, coheredero de las riquezas celestiales, embajador, etc.," me pueden llegar a desubicar. De tanto repetirlas o escucharlas me pueden inducir a pensar que lo que tengo es propiedad compartida con el Todopoderoso. También que lo que Él me da para administrar, en realidad es anticipo de herencia con la cual puedo hacer y deshacer a mi antojo. Nada más equivocado. Todo lo que poseo, es propiedad exclusiva de Dios. Nada es mío.

El derecho exclusivo a la propiedad y al usufructo de Dios de lo que produzco o está legalmente a mi nombre, no se basa solo en que el tiempo empleado y el dinero abonado me los concedió Él, sino que hubo un momento en que el Todopoderoso pagó el precio que como esclavo, Satanás exigió. Ese precio no me hizo hombre libre. Solo me cambió de dueño. Desde ese momento soy esclavo del Todopoderoso. Lo que produzco no es mío. Eso solo correspondería si fuera libre de cualquier autoridad.

Estoy en problemas cuando creo que tengo derechos a recibir beneficios de lo que produzco. Eso se llama apropiación indebida, abuso de confianza, deslealtad, incumplimiento en las funciones asignadas, etc. Cualquier argumento que me autoconvenza de utilizar en mi provecho de lo que no es mío, va a ser rebatido por el Juez Supremo del Universo en tiempo y forma.

Por lo tanto, como líder debo equilibrar el peso de las palabras que leo, escucho o digo pronunciando las que sí o sí deben ir juntas. Ellas son: esclavo, siervo inútil, libre solo por gracia, esclavo administrador de las cosas de Dios, etc.

Cuando me vengan ganas de creerme que soy socio de Dios, y por lo tanto que tengo derecho a "ir a medias" con lo que es fruto de mi trabajo, debo recordar que las medias solo son para los pies.

Mi Oración

"No quiero ser dueño de nada. Todo es tuyo por derecho propio."

Esto dicen las Escrituras

"Yo lleno de riquezas a todos los que me aman." Proverbios 8:21.

1 Crónicas 22:6-16

1. Hay cosas que uno se propone y Dios no las permite. V.7.

2. El que es impedido de hacer algo noble, debe conocer muy claramente las razones por las cuales no se le permite hacerla. V.8.

3. Hay que 'dar algo' a cambio de un no. V.9.

4. Debe haber transferencia de paternidad. V.10.

5. Hay que tener muy en claro cuál es el mayor deseo que uno tiene. V.11.

6. La sabiduría y la inteligencia vienen con el tiempo, con las circunstancias, no es algo innato. V.12-13.

7. El éxito es consecuencia de decisiones. V.13.

8. Hay que pedir fortaleza y valentía. V.13.b.

Reflexión

"Transfiere tu paternidad."

Mi paternidad termina cuando terminan mis días. Lo natural es que los hijos se conviertan, tarde o temprano en huérfanos. Los hijos despiden a los padres. Muy pocos padres entierran a sus hijos. Por eso, hay que estar preparado para dejar "padres sustitutos" que se ocupen de los niños, ante la eventualidad de que llegue el fin de manera imprevista. Nada afecta más a un hijo que la carencia de un padre.

En el liderazgo, la paternidad debe no solo transferirse sino multiplicarse. Ese es el gran problema actual. No solo hay muchos jefes y pocos padres, sino que los pocos padres no logran transferir ni multiplicar su paternidad.

Existen muchas razones por las cuales la transferencia de paternidad está ausente en el liderazgo. Pero muchas de ellas se resumen en dos palabras: egoísmo y orgullo. Egoísmo porque al hijo solo se le brinda, se le expone a la realidad de un solo padre en vez de enriquecerlo con el contacto con otros padres. El padre que no transfiere dice. "Solo a mi manera." Y orgullo porque al no compartir su paternidad afirma con sus hechos que "lo tiene todo, lo sabe todo, lo puede todo." Y eso, (como cualquier persona sabia lo reconoce), es una gran mentira.

Los destinatarios de la transferencia de paternidad son los hijos. El padre se perpetúa en su descendencia. No heredan los esclavos, los vecinos, ni los amigos y menos aún los desconocidos. Por ello, para recibir los beneficios de la paternidad, un extraño primero debe ser adoptado. Por lo tanto, otra cosa que bloquea la transferencia de paternidad, es que el receptor de los hijos de otros, no los acepta como hijos suyos.

Consciente o inconscientemente, muy pocos líderes hacen sentir a los "que vienen de otra casa" que verdaderamente son "hijos de la casa." Y eso, hace que en el equipo haya la sensación oculta, nunca expresada, de que algunos son menos que otros aunque se diga que todos son iguales. Mi liderazgo crece exponencialmente si soy capaz de ser generoso y dar paternidad a todos por igual, sin importar quién engendró a quién.

Mi Oración

"Dame la capacidad de multiplicar y transferir mi paternidad espiritual."

Esto dicen las Escrituras

"Que ellos estén llenos de esplendor porque mi gloria brilla sobre ti." Isaías 60:1-3.

1 Crónicas 25:1-31

1. Hay que apartar juntos a los que están siendo "jefes." V.1.a.
2. Tareas específicas para gente específica. V.1.b.
3. Lo que se hace comunica mensajes de Dios. V.1.c.
4. Hay gente que debe estar bajo las órdenes directas del "rey" V.1.d.
5. Hay que delegar la dirección de algunos temas. V.1.d.
6. **Hay cosas que a uno lo hacen ser muy poderoso. V.6.a.**
7. Lo que Dios promete lo cumple. V. 6.b.

Reflexión

"Hay cosas que te hacen ser muy poderoso."

Desde la antigüedad se afirma que "todos los caminos conducen a Roma." Y eso es también válido a la hora de hallar la fórmula de llegar a ser muy poderoso. Hay varios "caminos" que explican el por qué algunos líderes son más poderosos que otros a pesar de ser iguales en muchos aspectos. Hoy medito sobre la importancia de los que están cerca. Ellos reafirman ese otro dicho que dice: "Dime con quién andas y te diré quién eres." El poder de un líder surge de los individuos que le siguen. En el caso mío son de los seguidores que Dios me ha dado el privilegio de influenciar por un tiempo. Las relaciones fortalecidas en el servir "junto a," son lo que me hacen poderoso.

Sobran ejemplos de que para ser poderoso no es suficiente amontonar gente. El número no siempre hace poderoso a un líder. Al contrario, muchas veces los grandes números hacen aumentan la velocidad del visualizar las debilidades y fallas de las personas, instituciones, sistemas. La fortaleza de un líder se incrementa en forma proporcional al sentido de familia que logra implantar en los que le siguen.

Si no se logra el sentimiento de que somos "casa grande," a corto, mediano o largo plazo van a surgir los problemas que trae el cohabitar con "hijos pródigos," "hijos mayores" que se desloman sin pedir nada, mayordomos fieles que están esperando su oportunidad para liberarse, esclavos ignorados que no ganan nada por lo que hacen, asalariados que sienten que la paga no es suficiente.

Muchos poderosos cayeron porque tuvieron una "revolución interna" que se originó en el hecho de que se aislaron de su gente. Por eso siempre es peligroso para el liderazgo que ha surgido de abajo, hacer moradas solo en los grandes y cómodos palacios. Los grandes generales siempre hallan la forma de comer, dormir, etc., junto a los soldados rasos. La gente se sacrifica por las relaciones que se han establecido, no por los títulos que los aduladores de turno repiten al oído del poderoso. Uno da la vida por un amigo, no por la de un jefe de sección o el dueño de la empresa.

Mi Oración

"Gracias por la alegría que me das al ver que la gente me hace sentir que soy uno más de ellos. Incrementa mi capacidad de rechazar todo lo que me separa de ellos."

Esto dicen las Escrituras

"Eres roble victorioso plantado por mí para manifestar mi poder entre los pobres, afligidos, prisioneros. Te he enviado a consolar a los tristes, cambiar sus derrotas en victorias y su tristeza en un canto de alabanza." Isaías 61:3 y 1-2.

2 Crónicas 8:1-18

1. Hay obras que demoran mucho tiempo en terminarse. V.1.

2. Hay oportunidades para hacer otras cosas aparte de la principal. V.2.

3. Hay gente que trabaja obligada porque son esclavos. V.3-4.

4. Mi gente debe trabajar no como esclava sino como soldado. V.5.

5. Hay que tener muchos capataces para que dirijan a los trabajadores.V.6.

6. Lo que uno construye siempre es fruto del trabajo de otros. V.7-10.

7. Lo que uno sabe impulsa a la toma de ciertas decisiones. V.11.

8. Hay soluciones que solo son "parches.". V.11.b. "A la hija del rey de Egipto, le construyó otro palacio."

Reflexión

"Lo que construyes, siempre es fruto del trabajo de otros."

El éxito es como la droga: Hace ver cosas que no son reales. Una de ellas es pensar que los logros alcanzados son producto exclusivo del que lidera. Ninguna victoria es el resultado del trabajo de un solo general. La batalla ganada existe porque en el frente y en la retaguardia hubo héroes anónimos que guerrearon a las órdenes de alguien.

A la hora de pasear los laureles, tan importante como la humildad del líder, es el cuidar que la gente de uno no participe en calidad de esclavos. Hacer trabajar a la gente de uno como esclavo, es "pan para hoy, hambre para mañana." El que se siente esclavo aguanta, produce por miedo a la represalia del amo. Cuando se den las circunstancias, va a rebelarse contra el que lo explotó y abusó de su persona. En el liderazgo cristiano no hay esclavos, solo hermanos que tienen el mismo status que el líder: coheredero, hijo del Padre Celestial, discípulo de Jesucristo, etc.

Lo anterior conduce a reconocer permanentemente a los diferentes niveles que, por su labor, han hecho posible el logro que acrecienta la fama del líder. Todo liderazgo es fortalecido cuando se comparte la gloria. Lo inverso es también verdad: El nivel de adhesión y compromiso de la gente se reduce proporcionalmente al grado de aplausos que acepta disfrutar exclusivamente un líder.

Lo que hoy construyo es fruto del trabajo de gente que hoy ya no está. Siempre hay cosechas que son el resultado de la siembra, de la generosidad de personas que fueron parte de la historia. De allí la importancia de conservar los nombres y aportes de los que por muerte o emigración fueron los "obreros de la primera hora," "los pioneros" que vieron y trabajaron arduamente para hacer realidad lo que hoy es. Nada llena más de orgullo sano a un nieto, que oír cómo se reconoce el aporte que hicieron sus abuelos. La lealtad de los hijos se fortalece cuando los padres son honrados por el liderazgo que los condujo.

Mi Oración

"Gracias por todos y cada uno de los que Tú utilizaste para hacer de mí lo que hoy soy."

Esto dicen las Escrituras

"Si te sientes muy importante y poderoso, vas a empezar a tratar mal a la gente." Daniel 5:20.

2 Reyes 4:1-17

1. Debo darle importancia a lo que hago en los días no especiales, los que entran en la categoría de "cierto día." V.8.a y 11.a.

2. Hay personas a las cuales me conviene insistir para que "coman en casa." V.8.b.

3. Tengo que hacer bien las cosas la primera vez para que las personas regresen. V.8.c.

4. Debo aprender a estar seguro de qué clase de persona es la que pasa a mi lado o se aloja en mi casa. V.9.

5. Al dar debo pensar en lo que el otro necesita para sentirse que tiene un lugar dónde quedarse. V.10.

6. Tengo que aprender a respetar la ley de la cosecha por medio de formular la siguiente pregunta: "¿Qué puedo hacer por ti?" V.11-13.a.

7. Debo ser hábil a la hora de rechazar los ofrecimientos que surgen de la gratitud. V.13.b.

8. Debo aprender a no quedarme con deseos de demostrar gratitud a los que me benefician. V.14.a.

9. Tengo que aprender a identificar las necesidades insatisfechas de las personas que están cerca. V.14.b.

Reflexión:

"Aprende a no quedarte con deseos de demostrar gratitud a los que te benefician."

El generoso da porque le causa alegría y placer el sembrar. El interesado solo comparte cuando visualiza los beneficios. En realidad el que no es generoso es un inversionista, no uno que refleja una faceta de la personalidad de Dios. El generoso da porque Dios da. Por esa característica del generoso es muy importante que aprenda a no quedarme con las ganas de demostrar gratitud ante alguien que es generoso. Él piensa en la gente y por lo tanto Dios piensa en Él. Y yo cuando recompenso al generoso represento a Dios que nunca es deudor de nadie.

"El que Dios te lo pague," es una forma de auto excluirme en eso de ser instrumento de Dios para que sus promesas se cumplan. Aunque es verdad que al generoso le espera la gran recompensa en el cielo, también existe la promesa de recibir aquí en esta tierra. Mis demostraciones de gratitud son, por un lado, anticipos de la recompensa celestial; y por el otro, demostraciones de que Dios siempre cumple con sus promesas.

A la hora de demostrar gratitud tengo que cuidarme de no proyectar mis necesidades. Lo que deseo dar, debe ser escogido en función de lo que el generoso necesita y no lo que yo necesito o me agrada.

Hay actitudes que demuestran claramente la presencia de un generoso. Una de ellas es la persistencia a la hora de rechazar las demostraciones de gratitud de los que son receptores permanentes de su generosidad. De allí que no debo permitir que esa característica del generoso me haga quedar con las ganas de ser agradecido. En ese sentido no debo hacerle caso a frases que el generoso pronuncia tales como: "No hace falta, no necesito, es mi privilegio, etc."

Mi Oración

"Gracias por todos los que son como Tú: generosos. Dame inteligencia para demostrar la gratitud que siento por haber sido ellos instrumentos tuyos en eso de dar para suplir mi necesidad."

Esto dicen las Escrituras

"Tu bondad te recompensará. Da con generosidad y serás más rico. Sé tacaño y lo perderás todo." Proverbios 11:17 y 24.

2 Reyes 17:5-23

1. Los sitios pueden llegar a durar muchos años pero al final el enemigo cae. V.5-6.

2. Las desgracias siempre tienen una causa. V.7-11.

3. A pesar de las advertencias específicas que uno hace repetidamente, hay personas que hacen lo contrario.V.12- 17.a. y 22.

4. La terquedad provoca enojo. V.17.b.

5. El enojo hace que uno barra de su presencia al que lo provocó. V.18 y 20-23.

6. Lo malo se contagia. V.19.

Reflexión

"Tu terquedad provoca enojo."

Cuando un burro anda suelto en un bazar de porcelana fina, las consecuencias están cantadas. Inevitablemente su terquedad va a romper todo. Y eso al dueño del bazar no le va a gustar nada.

Siempre un burro empacado provoca enojo. Su torpeza daña al punto en que uno quiere borrar de su presencia a ese animal terco. Dependiendo del daño que haya provocado será el tamaño del escobazo que ese animal va a recibir.

Dios como creador también ama a los burros. Pero su paciencia tiene límites. Si yo, como líder me canso de repetir y ver que el necio no hace caso, a Dios le pasa lo mismo con mis terquedades.

Las palmadas divinas en mi lomo deben ser interpretadas correctamente cuando evidentemente son pequeñas advertencias celestiales para andar solo por la senda correcta del bazar. Si no las obedezco, el palo de una inmensa escoba que barre asteroides sueltos en el piso del cielo, está lista para caer sobre mis lomos.

Dios utiliza diferentes escobas para barrer gente que en el pasado alegró su corazón porque lo malo siempre se expande.

Por todo lo anterior, siempre me conviene hacer caso inmediatamente a las advertencias de que lo que hago ha comenzado a enojar al Dueño del Universo. Mi terquedad en aumento es como lo que produce la brasa al agua en una olla: poquito a poco la calienta. Y cuando mis acciones hacen "calentar muchísimo" a Dios, hierve como un volcán. Solo se calma cuando ha barrido la fuente de su enojo.

Como líder tengo la obligación de cuidar que mi terquedad no enoje a los que me rodean. Soy líder, no burro terco al cual hay que darle escobazos para que aprenda a andar por lo correcto.

Mi Oración

"Aumenta mi capacidad de obedecer a la primera vez. Disminuye el grado de terquedad que aún me queda."

Esto dicen las Escrituras

"Haz caso a las advertencias específicas que te hice repetidamente." 2 Reyes 17:12.

Abdías 1-21

1. Dios a veces comunica lo que piensa hacer a una persona que cumple la función de profeta. V.1.

2. Hay mensajes que invitan a tomar las armas, a hacer la guerra contra el que se las cree. V.2-3.

3. Cuando a Dios se le ocurre derribar a alguien por causa de su pecado, no hay lugar seguro para dicha persona. V.4.

4. Las pérdidas serán totales para el que colmó el vaso de la misericordia. V.5-6.

5. Hay tanta ceguera en el orgulloso que no se da cuenta de lo que le pasa. V.7.

Reflexión

"Recuerda y haz recordar que las pérdidas serán totales para el que colmó el vaso del que es paciente."

Poner límites es una de las semejanzas que tenemos de Dios. La ausencia de la capacidad de no reconocer a tiempo que se ha cruzado la raya de lo tolerado por una autoridad superior, es claro indicativo de que se acerca el momento del derribo, de que las pérdidas de lo poseído serán totales.

Dios ha trazado el modo de actuar cuando el que se cree muy importante se cree a salvo como águila que hace su nido entre las estrellas. Hay que dejarlo sin nada de lo que atesoró y que fue el motor que lo impulsó a ser insensible al deterioro en que se hundió. El tiempo de las palabras llamando a la reflexión, al reconocer el mal camino, se agota cuando el que tiene capacidad para oír, se niega una y otra vez a obedecer.

Querer ser un líder más bueno que Dios, el querer superar el nivel de paciencia y tolerancia divinos, es muy peligroso. Porque sean cual fueren las explicaciones que un líder exponga al por qué dejó que el otro siguiera haciendo lo que hizo, lo hace co-responsable de los daños que los terceros involucrados sufrieron. En otras palabras, el no hacer nada cuando se ve el sufrimiento que el malvado y el rebelde ocasionan, tiene consecuencias.

Por ello la gracia es un regalo que debe ser inmensamente valorado. Cuando se abusa de la gracia, la gracia nunca se convierte en barata. Todo lo contrario, a fin de que se visualice el alto costo que tiene el abusar de la paciencia, del perdón, del dar una oportunidad más, de creer que "perro que ladra no muerde;" las pérdidas suelen ser totales.

Horrenda cosa es caer en manos del Dios vivo. Terrible el destino de aquellos que por la dureza de su corazón deben ser entregados a manos de Satanás. Cuando tales decisiones, se toman a los niveles superiores de autoridad, nada puede impedir que las mismas sean ejecutadas. Por eso, nunca hay que dejar que el vaso de la paciencia se rebalse.

Mi Oración

"Dame la capacidad de reconocer a tiempo cuando estoy abusando de tu paciencia y bondad. Y dale firmeza a mis autoridades espirituales para que me digan a tiempo cuándo estoy siendo un oidor olvidadizo de lo ya me dijeron una y otra vez."

Esto dicen las Escrituras

"Ponte a pensar en lo que significa ser sabio y ser tonto. El sabio sabe lo que hace, pero el tonto no sabe nada de nada. Ser sabio es como andar en la luz. Ser tonto es como andar a oscuras." Eclesiastés 2:12-13.

Amos 5: 1-15

1. Hay cosas que uno sabe que van a suceder que son muy tristes. V.1.

2. Hay advertencias que vienen del nivel superior. V.2.

3. Hay personas a las cuales hay que dar por muertas; ya no volverán a levantarse. V.3-4.

4. Hay lugares que por ser lo que son tienen sus días contados. V.5-6.

5. Lo bueno puede convertirse en malo. V.7.

6. Dios derriba murallas y convierte grandes fortalezas en un montón de ruinas. V.8-9.

7. Hay un costo a pagar cuando se desprecia al que lucha por la justicia y al que dice la verdad. V.10-11.

8. Los sabios saben cuándo callarse. V.12-13.

9. Hay condiciones a cumplir para asegurarse de que Dios vive entre nosotros. V.14-15.

Reflexión

"Demuestra que eres sabio,
sabiendo cuándo callarte."

El libro de Job es un hermoso manual de entrenamiento sobre cuándo hablar y cuándo callar. Una verdad dicha en el tiempo incorrecto, en vez de ayudar entristece, ofende, oscurece. Lo mismo pasa en los evangelios. Jesús fue presionado para que hablara fuera de tiempo, sin embargo mordió sus labios y esperó el momento oportuno para decir las verdades que desde la eternidad quería pronunciar. Callar no siempre debe ser evaluado como signo de cobardía, todo lo contrario, muchas veces es una clara señal de que se está frente a alguien sabio, valiente, que ha sabido dominarse a sí mismo.

La abundancia de la maldad irrita al que piensa como Dios. De allí que los desbordes emocionales del justo, se convierten en excelente argumentos del malo. Las palabras fruto del enojo no controlado, nunca buscan el bien del prójimo, solo procuran la descarga del que las pronuncia. Por ello, el sabio aprende a poner candado a su boca cuando sabe que es un volcán a punto de explotar.

Hay un poder superior a las palabras en el silencio del sabio. Los gestos no verbales son armas poderosas en manos del profeta, del padre, del que ama. Por eso el que se sabe culpable pierde el control emocional cuando ante sus ofensas, solo obtiene una mirada de cariño, de compasión. Esa actitud que derrite al pecador arrepentido, son brasas ardiendo en la cabeza del que no quiere dejar de hacer lo malo. Y como nadie puede obligar al bueno a dejar de ser bueno, el malo se ve imposibilitado de impedir que ante sus ofensas, se acumulen, por medio de la acción espiritual de callar ante la ofensa, una montaña siempre creciente de brasas ardientes.

Hablar sin control es muy humano. Callar cuando hay motivos para gritar, es divino.

Mi Oración

"Potencializa mi capacidad de dominar mi lengua."

Esto dicen las Escrituras

"Cada uno recibe lo que merecen sus palabras y sus hechos. El que habla sin pensar hiere como un cuchillo, pero el que habla sabiamente sabe sanar la herida." Proverbios 12:14 y 18.

Daniel 4:1-33

1. La demostración de milagros y maravillas de parte de Dios, deben ser contadas. V.1-10.

2. Dios corta las ramas que dan fruto cuando el tronco se cree autosuficiente. V.10-17.

3. Las ideas que se vienen a la cabeza lo dejan a uno muy preocupado. V.18-19.

4. Hay cosas que uno quiere callar, no decirlas. V.19-27.

5. Para vivir feliz uno tiene que dejar de hacer lo malo y ayudar a la gente pobre y necesitada. V.27.

6. Lo que Dios dijo, dice y dirá, siempre se cumple. V.28-33.

Reflexión

"Ten cuidado: Algunas de las ideas que se vienen a tu cabeza te van a dejar muy preocupado."

Hay imágenes que son muy apropiadas para ilustrar principios de vida. Una de ellas dice: "No puedes impedir que los pájaros vuelen sobre ti. Lo que puedes evitar es que ellos hagan nido en tu cabeza." Las ideas siempre andan revoloteando a nuestro alrededor porque ellas son fruto de los estímulos que se originan en nuestros cinco sentidos o en los recuerdos guardados en el inconsciente. Pero una cosa es que ellas vengan y otra que se arraiguen. Nada es más molesto que un loro parlanchín que se afinca en el placard del dormitorio matrimonial.

Hay ideas que son un excelente caldo de cultivo para las preocupaciones que quitan el sueño, que producen gastritis, que predisponen a la melancolía, que sueltan los grifos de las lágrimas. Esas ideas son la causa de los efectos que muchas veces se combaten con "purés continuos de pastillas." Pero a menos que se elimine la causa, los efectos no solo permanecen, sino que se incrementan.

Por lo anterior, el consejo del Creador es: "Deja todas tus preocupaciones en mis manos, porque yo tengo interés en ti." El entregar a su Señorío las ideas que preocupan por medio del conversar con Él, es equivalente a abrir el placard y pegarle un palo en la cabeza al loro parlanchín.

Como modelo que es imitado por otros, debo ser ejemplo en eso de espantar las ideas que dejan a uno con muchas preocupaciones, que impiden vivir las horas en paz. En ese sentido hay otra frase que es muy apropiada: "¿Por qué te preocupas, si la cosa tiene solución? ¿Por qué te preocupas si la cosa no tiene solución? ¿Qué ganas con ello? Si no te calientas, vas a vivir largo tiempo." (En latín: "No calentarum, largum vivirum.") En términos bíblicos: "Tú haz lo posible y descansa. Deja que Dios haga lo imposible, si quiere, y también descansa."

Mi Oración

"Aumenta mi entrenamiento como espantapájaros de aquellas ideas que no vienen de ti."

Esto dicen las Escrituras

"Estuviste muy afligido, te sentiste muy amargado porque has sido muy testarudo. Te has portado como una bestia. Deja que mis consejos te dirijan. Recuerda que como yo estoy a tu lado, nada te falta en este mundo." Salmo 73:21-22, 24-25.

Ezequiel 6:1-14

1. Hay que tener en claro hacia dónde van dirigidos los mensajes. V.1.

2. Hay cosas que deben ser hechas pedazos. V.2-6.

3. Hay cosas que solo se reconocen cuando la muerte se hace presente. V.7.

4. Hay cosas que deben revolver el estómago. V.8-9.

5. Dios siempre habla en serio. V.10.

6. La ironía es un recurso permitido. V.11.

7. Dios tiene formas muy duras de descargar el enojo. V.12-14.

Reflexión

"Haz pedazos algunas cosas."

Hay cosas que si no son destruidas por las buenas, van a ser destruidas por las malas. Siempre se gana más cuando voluntariamente uno decide hacerlas polvo. La destrucción tardía tiene un costo que es proporcional al "tiempo extra" que se le concedió a lo que estaba, desde siempre, destinado a ser polvo.

Hay cosas que son muy bonitas a los sentidos pero son muy dañinas porque se convierten en ídolos que producen repugnancia al Dios Creador del Universo. El problema de la idolatría no es cuestión de tamaño, ni de forma, es problema de competir por exclusividad en cuanto a la lealtad. Dios quiere lealtad, dependencia, sujeción absoluta, no compartida con nada ni con nadie. Si existe un 99,000000000001 por ciento de lealtad, eso es señal de que hay un micro ídolo escondido en alguna parte. Y ese ídolo microscópico, como un solo virus en un quirófano, puede ser la explicación del porqué murió la persona. Mi liderazgo puede ser contaminado gravemente por no haber identificado y destruido a tiempo un ídolo.

La destrucción del idólatra no siempre es algo repentino. Puede venir después de largos tiempos de éxito, riqueza, gloria. Por eso no está bien el identificar siempre prosperidad con aprobación divina. La abundancia de lo bueno puede ser una señal de maldición. Dios no tiene problemas en castigar al idólatra con mucho oro y fama. Sabe que la abundancia del oro es un imán de problemas para el que lo posee. De igual manera, conoce que el poder absoluto corrompe de manera absoluta. Por eso, a veces cuando quiere comenzar a descargar su enojo con alguien o con alguna institución, lo atosiga de aquello que son atributos que identifican al que es poderoso. Por eso, como líder debo destruir los ídolos cuando son insignificantes. No vaya a ser cosa que luego Dios me haga tragar todo el oro molido de un Buda de cincuenta metros de alto por veinte de ancho.

Mi Oración

"Dame capacidad de identificar los micro ídolos que se van pegando a mi existencia."

Esto dicen las Escrituras

"Quiero que se arrepientan y cambien de conducta cuando sepan que estoy muy enojado con ustedes y que los he amenazado." Jeremías 36:7.

Hechos 14:1-7

1. Hay cosas que siempre conviene hacer en compañía. V.1.a.

2. En el mismo lugar puede haber diferentes respuestas. V.1.b.-2.a.

3. Los que hoy están al margen, mañana pueden estar en contra. V.2.b.

4. Las palabras deben ser respaldadas por hechos. V.3.

5. Llega el momento en que la gente no sabe qué hacer con nosotros. V.4.

6. Hay acuerdos que terminan en maltratos, en intentos que solo terminan "a las pedradas." V.5.

7. Hay que aprender a darse cuenta cuándo lo mejor es huir. V.6-7.

Reflexión

"Aprende a darte cuenta cuándo lo mejor es huir."

Para el enemigo del Reino mejor que discípulo vivo, es discípulo muerto. El diablo no tiene problemas en dar la "chapa" de mártir al que, por su falta de discernimiento decide que es mejor morir por Cristo que vivir para Él. Cada discípulo que por sus decisiones muere antes del tiempo establecido por el Soberano del Universo, es ganancia para el reino de las tinieblas.

Como discípulo puedo enamorarme de los slogans que suenan muy motivadores a la hora del conflicto. Por ejemplo: "Morir de pie." "No dar pasos atrás ni para tomar envión." "Solo huyen los cobardes." Y otros por el estilo. Pero la verdad es que en ciertas circunstancias son mentiras que pueden frustrar los propósitos que Dios tiene para mi vida. El suicidio, como la autopromoción al martirio, son pecado.

Mi función como líder formador de otros líderes es aprender que hay huidas que son muy buenas. Hay huidas que son puertas divinas a mayores victorias. Hay huidas que son puntos de cierre para mi participación en algunos procesos. Hay huidas que son los medios para encontrar nuevos compañeros de lucha. Hay huidas que son la única forma en las cuales puedo hallar el tiempo necesario para escuchar lo que Dios quiere, etc.

Como líder, me va a tocar el seguir desarmando argumentos que se utilizan para sostener malas decisiones o esconder fallas en el carácter en medio del sufrimiento. "Voy a dejar de tomar remedios, no me voy a someter al tratamiento porque mi fe me sanará." "Voy a seguir luchando hasta que mi (esposo, hijo, etc.) cambie." "Yo no voy a dejar de hacer lo que estoy haciendo por más que no haya frutos." "No importa el maltrato ni el ninguneo que mi líder haga conmigo; yo no me voy de su lado."

Los valientes que son maduros, saben cuándo huir no es cobardía. Los necios mueren antes de tiempo abrazados a una bandera.

Mi Oración

"Aumenta mi capacidad de discernir cuándo llega el tiempo de huir y cuándo el de mantenerme firme en medio de la oposición y del sufrimiento."

Esto dicen las Escrituras

"Yo cierro el paso para hacerte retroceder. Ten cuidado con los que te hacen creer en mentiras y no te señalan tu maldad." Lamentaciones 1:13 y 2:14.

Jeremías 51:15-19

1. Para hacer, afirmar y extender una creación, la misma debe ser hecha con sabiduría, mucha inteligencia y poder. V.15.

2. Lo que uno es determina lo que puede llegar a hacer. V.16.

3. La "gente" es estúpida, no sabe nada. V.17.a.

4. Los ídolos son una vergüenza, un engaño, no valen nada, son pura fantasía. V. 17.b.

5. Dios nos eligió, nos hizo su pueblo. V.19.a.

6. El nombre de Dios es: "Dios Todopoderoso." V.19.b.

Reflexión

"Si quieres hacer algo, afirmarlo y extenderlo, hazlo con sabiduría, mucha inteligencia y poder."

Los ingredientes de cualquier éxito que perdura está en utilizar de forma apropiada la sabiduría, la inteligencia y el poder. Si falta uno solo de estos ingredientes, el éxito tiene "pata corta." El sabio que sabe aplicar a la vida diaria los principios, si le falta inteligencia para manejar, (por ejemplo un negocio) y al mismo tiempo tiene el "poder económico" que da un kiosco de un metro por un metro, no va a llegar lejos. Pero al mismo tiempo el que es una "luz" a la hora de hacer negocios pero es un "bruto" en sus relaciones interpersonales y tiene "cero" de crédito, aunque llegue un "poquito" más lejos que el anterior, tampoco va a llegar a ser un grande que perdure en el tiempo. Finalmente el que tiene la billetera reventando de dólares y euros, pero no es sabio ni inteligente a la hora de decidir, en algún momento va a tener que empeñar la billetera vacía para comprar algo de pan del otro día en la panadería donde antes compraba tortas caras.

La afirmación y extensión de una creación la determina el nivel de sabiduría, inteligencia y poder que posee quien o quienes la construyen o dirigen día a día. El sabio, inteligente y poderoso sabe que si es transparente en todo lo que hace, eso incrementa su sabiduría, inteligencia y poder. El que oculta lo que hace, se vuelve progresivamente un necio, estúpido y va perdiendo poder a los ojos de los que antes lo admiraban. Lo mismo pasa con el "compartir el poder", los resultados del éxito. El poder que no se comparte genera no solo autodestrucción, sino que engendra deseos y decisiones en los que se sienten marginados en el disfrute de los logros, de "luchar" por lo que les corresponde. Y ya sabemos que ningún reino dividido puede prevalecer.

El modelo que debo hacer carne en mi liderazgo es el de Jesús. Desde chico fue uno que era admirado por su inteligencia y sabiduría. A su tiempo, eso le dio oportunidad de demostrar que también tenía poder, todo el poder. Y como consecuencia de que tenía estos tres ingredientes, ahora es Rey de Reyes y Señor de Señores.

Mi Oración

"Incrementa día a día mi sabiduría, inteligencia y poder para que tu Reino se expanda en donde me muevo y relaciono."

Esto dicen las Escrituras

"Si yo soy tu Dios, deja que te enseñe lo que yo quiero que hagas. Permite que mi buen Espíritu te lleve a hacer el bien." Salmo 143:8-9.

Juan 4:43-54

1. Debo estar preparado para el hecho de que algunos no me van a tratar bien cuando me oigan. V.43.

2. La mucha cercanía fabrica cerrojos. Cuanto más cercanía exista en una persona, mayor posibilidad de que me rechace existe. V.44.

3. Siempre existen razones por las cuales la gente me aceptará o me rechazará. V.44-45.

4. Lo que hago siempre es llave para entrar en nuevos lugares o regresar a donde ya estuve. V.45.

5. En las situaciones límites uno deja de lado los rangos. V.46-47.

6. Hay afirmaciones que es mejor no responderlas. V.48-49.

7. Debo aprender a dar seguridad en pocas palabras. V.49-50.

8. Para sacar las conclusiones correctas debo aprender a preguntar. V.51-53.

9. Debo dar muchas señales de quién soy. V.54.

Reflexión

"Lo que haces y dices siempre es llave o cerrojo para entrar en nuevos lugares o regresar a donde ya estuviste."

Lo que hago o digo son llaves que abren o cierran posibilidades. Por eso en muchos casos los que mejor conocen a alguien, son los que lo rechazan. La mucha cercanía fabrica cerrojos. A veces porque ellos son testigos que lo que se dice no tiene correspondencia con lo que uno hace en la intimidad. Es decir ellos son personas que pueden afirmar que "una cosa es lo que digo y otra la que hago en el ámbito familiar." De allí la importancia de ser coherente en todos y cada uno de los ámbitos en que me mueva.

Pero también es verdad que el continuo convivir hace que se produzca una valoración inferior del que está siempre al lado de uno. Lo experimentó Jesús con sus familiares y vecinos, lo voy a experimentar yo con los que me vieron crecer ministerialmente o trabajan día a día al lado mío. Seré sabio si acepto que la honra que me dan "fuera" de mi casa no es la misma que me dan "dentro" de donde nací. Por lo general, en casa siempre recibiré menos aplausos que afuera. Esa actitud de aceptar que "afuera" me reconocen como un matador de gigantes y "adentro" me ven como un simple pastorcito, es una llave que me asegura disponer de fuerzas emocionales para regresar feliz a la casa donde nací.

Como líder debo dar honra al que se merece honra. A igual hechos, igual honra. En ese sentido debo honrar a los hijos de la misma forma que honro al que viene de afuera. Debo producir hechos que demuestren que hay excepciones a eso de que "nadie es profeta en su tierra." Si lo logro, eso será llave que abre puertas para que los que se fueron por no ser valorados, regresen a la "casa del padre." Hay muchos que se fueron porque nunca se valoró lo que eran y hacían en la casa donde nacieron. Pero a su vez impedirá que se vayan hijos e hijas en busca de aquellas "coronas" que se merecían.

Mi Oración

"Hazme instrumento para honrar a los que Tú honras. En especial a aquellos que viven muy cerca de mí."

Esto dicen las Escrituras

"Aunque puedan tener diez mil maestros, dales muestras de que tú eres su padre, que ellos son tus hijos amados." 1 Corintios 4:15.

Juan 20:11-18

1. Aunque la mayoría se vaya, siempre habrá alguien cerca. V.10-11.
2. Si uno quiere ver, es necesario hacer cosas. V.11.a.
3. Antes de hablar, siempre es bueno preguntar, por ejemplo: "¿Por qué estás llorando?" V.12.
4. Lo que uno no sabe y el robo de lo que uno quiere, siempre causa dolor. V.13.
5. El dolor no permite ver lo que cualquier otra persona ve. V.14-15.
6. Utilizar el nombre de alguien tiene gran poder. V.16.
7. Los deseos de otros pueden producir alteraciones en las prioridades. V.17.a.
8. En el discipulado lo mío es de mis seguidores. V.17.b.
9. Hay que contar lo que Jesús dijo. V.18.

Reflexión

"Si uno quiere ver, es necesario hacer ciertas cosas."

Para ver no es suficiente tener dos ojos. Se puede ver también con un solo ojo. En realidad a veces se ve mejor el blanco con un solo ojo. Se logran algunas cosas cerrando un ojo, por ejemplo al enhebrar la aguja. Si se llora, hay que secar las lágrimas si uno quiere ver. Si la diferencia de temperatura empaña un vidrio, hay que desempañar si uno quiere ver. Para ver muy lejos, hay que usar el larga vista. Para ver el micro cosmos, un microscopio. Para ver el universo, un telescopio. Para ver el interior de una casa se exige ir y entrar por alguna puerta abierta.

Hay realidades que solo se ven entrando al interior. Desde afuera la realidad es una, desde adentro es otra. De allí la importancia de establecer relaciones apropiadas que franqueen el acceso a la interioridad del dueño o responsable del lugar.

Entrar siempre trae consecuencias. Si me quedo en el exterior solo hay lágrimas por lo sucedido. Si entro, voy a ser afectado por lo que aconteció a ocultas.

Las emociones alteradas no permiten ver con claridad. El dolor nubla la vista. Por eso, como líder debo hacer ciertas cosas para que los seguidores que sufren mucho, vean lo que quiero que vean. Entre las muchas cosas que se pueden hacer, utilizar el nombre con cariño e inteligencia es muy bueno. Cuando el otro siente que su nombre es utilizado con amor tierno, comienzan a abrirse pequeñas ventanas en sus ojos emocionales.

Si quiero ver, debo recordar que las preguntas dichas de manera inteligente y oportuna son buenas herramientas para ver la realidad. Por ello como líder no solo debo ser hábil en eso de ser "lento para hablar y rápido para escuchar." Mi responsabilidad luego de escuchar, en muchos casos, es hacer las preguntas correctas en el momento correcto; no es hablar.

Mi Oración

"Aumenta mi capacidad de ver el interior de las personas, de las circunstancias de sus emociones."

Esto dicen las Escrituras

"Yo te miro con mucha atención." Proverbios 5:21.

—— 1 ° Corintios 4:1-21 ——

1. Debo tener en claro cómo quiero que se me considere. V.1.

2. Debo demostrar que se puede confiar en mí para algún tipo de tarea. V.2.

3. Llega el momento en que se dará a conocer todo lo que está oculto y lo que Dios piensa de mí. V.3-5.

4. Nunca debo presumir sobre lo que sé ni sobre lo que hago. V.6-7.

5. Hay cosas que las puedo decir en forma irónica. V.8-10.

6. Debo estar preparado para recibir el trato que solo se le da a la "basura del mundo." V.11-13.

7. Debo demostrar que amo como padre. V.14-16.

8. Debo tener hijos amados a los cuales enviar a reemplazarme en algunas necesidades. V.17.

9. A los que son "valentones" a la distancia, hay que advertirles de algunas cosas. V.18-19.

10. Debo demostrar mi pertenencia al Reino de Dios no solo por lo que digo, sino por lo que hago. V.20.

11. Debo dar opciones claras: "palo en la mano o cariño, ternura." V.21.

Reflexión

"Da opciones claras: Palo en la mano, o cariño y ternura."

El liderazgo es básicamente asumir la paternidad espiritual sobre una cantidad de discípulos de Jesucristo. De allí que debo aceptar que en el proceso de que ellos lleguen a ser maduros y completos, van a existir momentos en que van a hacer cosas de chicos inmaduros o rebeldes. Nadie nace maduro y obediente. Esas cualidades del carácter se forman en el caminar junto a un padre.

El poder que confiere un título o la cantidad de años limita las opciones a la hora de enfrentar a los rebeldes. El que reina y desea que su corona sea respetada, por lo general acude al uso de "palos" para castigar al que no quiere respetar su poder. Como hijos muchas veces sólo nos doblegamos ante la catarata de cintazos que nos dieron los padres. Pero en la paternidad espiritual se le añade otra opción: el cariño, la ternura.

A medida que avance el proceso de maduración espiritual, los "palos se deben guardar" y las muestras de cariño y ternura deben aumentar. Es mala señal cuando, luego de un tiempo largo de convivir con mis discípulos, lo que más se oye son mis amenazas de "dar garrotazos" a los que son rebeldes.

Mi responsabilidad es hallar formas apropiadas de demostrar mi ternura y cariño a cada hijo espiritual que engendre. No existen "formas universales" de ayudar a que los hijos estén seguros de que los amo. El "cómo demostrar la ternura" es como los zapatos: "debe ser a la medida de cada uno." La única forma de identificar qué es lo que le da seguridad de ser amado a una persona, es el pasar mucho tiempo conviviendo con ella.

Como padre, me corresponde en ciertos momentos del proceso de maduración espiritual, ser muy claro en las opciones que el hijo posee. En esos momentos críticos las ambigüedades son formas de demostrar la falta de amor que le tengo.

Mi Oración

"Gracias por aquellos que supieron darme palos y ternura en los momentos justos y en la medida que necesitaba."

Esto dicen las Escrituras

"Dios mío, enséñame a vivir como tú siempre has querido." Salmo 25:5.

Sofonías 1:1-18

1. Hay que tener sentido de origen y/o de pertenencia. V.1.

2. Hay decisiones cuyas consecuencias las sufren hasta los animales. V.2-3.

3. Dios destruye a los que se apartan de Él y jamás buscan sus consejos. V.4-6.

4. **Hay que guardar silencio ante algunas decisiones tomadas por la autoridad suprema. V.7.**

5. Hay riquezas que se consiguen mediante el engaño y la violencia religiosa. V.8-9.

6. En el día del juicio se elevan gritos pidiendo ayuda desde todos lados. V.10-11.

7. Hay gente que vive tranquila porque piensa: "¡Dios no hace nada bueno, pero tampoco hace nada malo!" V. 12.

8. La maldad impide disfrutar de la casa construida y del viñedo

Reflexión

"Te conviene guardar silencio ante algunas decisiones tomadas por la autoridad suprema."

Toda decisión es fruto de un contexto. Por eso hay malos consejos dados por gente buena que tienen su explicación, en que ellos los dan sin conocer en profundidad el trasfondo en el que vive la persona. Por eso, los que son autoridad final, se enojan cuando alguien cercano a ellos cuestiona decisiones que durante mucho tiempo no ha querido tomar.

Ningún líder espiritual sabio, misericordioso, bueno, etc., decide "bajar la caña," sí porque sí. Al contrario, en la historia oculta del proceso que llevó a esa dolorosa decisión, siempre hay reproches de que se es demasiado blando. De allí que en la hora dolorosa de tomar la decisión que nunca hubiera querido tomar, ese líder va a pedir que se callen los que ponen reparos. He sido un sabio cuando puse candado a mi boca ante las disciplinas dolorosas del Padre bueno. Me he merecido el latigazo extra por mi estupidez de cuestionar la decisión divina y con eso aumentar el dolor/enojo que provocó mi desobediencia en la Autoridad Suprema del universo.

Una cosa es ser atalaya cuya función es advertir el peligro que se avecina y otra querer ser el fiscal acusador del rey. Un rey agradece la fidelidad y el compromiso con el trono. Pero esa misma autoridad rechaza a los que, en medio del dolor por la decisión tomada, vienen a decirle: "¡Te equivocas!" El consejero que no aprende cuándo poner candado a su boca, tiene los días contados en la sala del trono. Lo mismo sucede en el caso contrario: Muchos consejeros salieron eyectados del lado del que tenía autoridad porque se callaron la boca, no fueron capaces de abrir el o los candados de su boca.

Como líder, debo imitar a Jesús en eso de poner y quitar candados a la boca. Hay tiempos apropiados para hablar y tiempos apropiados para callar. La capacidad de discernir cuál es cuál, va a hacer la diferencia en mi liderazgo.

Mi Oración

"Incrementa tu generosidad al darme espíritu de sabiduría y revelación para saber cuándo poner o quitar candados a mi boca."

Esto dicen las Escrituras

"Al tonto le interesa mostrar lo poco que sabe. Cuando el necio abre la boca, pone su vida en peligro. El que es sabio e inteligente, presta atención y aprende más. Cada uno recibe por sus palabras su premio o su castigo. Los que no paran de hablar sufren las consecuencias."

Proverbios 18:2, 7, 15 y 20-21.

——— Proverbio 6:1-35 ———

1. Hay compromisos que son trampas de cazador, que te atrapan. V.1-5.

2. Para cada necesidad del carácter hay un animal que enseña lo positivo. V.6-11.

3. Hay gente mala y sin vergüenza a tu alrededor buscando provocar pleitos. V.12-15.

4. Hay un listado de gente que Dios no puede soportar. V.16-19.

5. Hay consejos que hay que cumplir al pie de la letra. V.20.

6. Velan el sueño mientras se duerme. V.22.b.

Reflexión

"Elige bien quiénes serán los primeros en hablar cuando recién te despiertes."

En el campo, el gallo es quien despierta. En la ciudad el despertador del celular, la agenda, el mensaje de texto, el llamado del whatsapp, el teléfono fijo. Antes de este Siglo XXI, siempre había alguien que era el primero en "hablarme" cuando se abrían los ojos. Pero ahora, casi siempre, el que me habla primero es un aparato. Ante esto, debo recordar que al único que no puedo silenciar es al gallo si me encuentro en el campo. A todos los demás, les puedo impedir que sean los que me sacudan al despertar. Es que la primera impresión afecta mucho el resto del día. Una mala noticia quita el sueño pero también amarga el día. Una última palabra hermosa, cariñosa da dulces sueños. Un primer recuerdo o pensamiento agradable genera esa sensación de que "hoy va a ser un buen día." De allí la importancia de memorizar promesas divinas, textos que reafirmen la bondad, el poder de Dios, el deseo que Él tiene de acompañarme, etc. Que sean ellas las primeras en hablar cuando recién me despierto.

· Si lo primero que me habla es la necesidad de preparar el desayuno, ya puedo empezar mal pues la leche se puede volcar, la heladera puede decirme: "Lo siento, se acabó la manteca, ese pedazo de torta se lo comió otro, etc."

· Si lo primero que me habla es el espejo, mi cara puede denunciar alguna nueva arruga, otra cana que vino sin invitación, algunos gramos extras de grasita, etc.

· Si lo primero que me despierta es el Facebook, el Twitter, los mensajes de textos del celu, los whatsapp, etc., no me van a dejar en condiciones emocionales apropiadas de escuchar lo que Dios me quería decir primero. De todas esas fuentes de comunicación siempre se cuelan malas noticias junto con las buenas. Pero basta una mala noticia para que, como sucede con una manzana podrida en un cajón, afecte al resto de las buenas y lindas manzanas.

Por lo tanto, el consejo de los viejos padres espirituales que tuve, siempre sigue vigente: "Que lo primero que te dé la bienvenida cada día sea esa promesa, ese pasaje que Dios ya escogió en forma personalizada para que corras con fe y alegría ese día."

Mi Oración

"Aumenta aún más mi compromiso de años: Si no me hablas no desayuno. Si no me hablas primero, todo lo demás va a seguir esperando."

Esto dicen las Escrituras

"Es una locura el no obedecerme." Jeremías 27:13.

Oseas 14:4-10

1. El enojo debe calmarse.V.4.a.
2. Cuando el enojo se calma llega el tiempo de mostrar cuánto uno ama. V.4.b.
3. El resultado del enojo debe ser erradicar la rebeldía. V.4.c.
4. El fruto del enojo es hacer que el otro prospere. V.5.a.
5. Hay que saber ilustrar lo que uno quiere decir. V.5.b-7.
6. Uno elige por quién ser cuidado.V.8.a.
7. Deben existir deseos de escuchar. V.8.b.
8. Hay señales claras de cuando alguien es inteligente y sabio. V.9.
9. Todo lo que Dios hace es correcto. V.10.a.
10. Para ser bueno hay que seguir el ejemplo que Dios da. V.10.b.
11. La destrucción tiene sus causas. V.10.c.

Reflexión

"Que el fruto de tu enojo sea que el otro prospere."

El enojo es bueno porque refleja a Dios. Cada vez que me enoje debo ser una imagen de cómo es Dios cuando se enoja. Yo debo ser una herramienta para que el causante del enojo capte la visión de lo que puede sucederle si Dios sigue enojado con sus acciones.

Mis discípulos deben valorar mucho cuando ven grandes o pequeños indicios de que me enojé o me estoy enojando. Para llegar a ese punto debo haber demostrado que después de cada enojo a ellos siempre les va mejor. Los sucesivos enojos deben dar frutos que mejoren la calidad de vida de ellos. Ellos deben agradecer a Dios y a mí por la capacidad de enojarme como se enoja Dios.

Algo está mal con mi forma de enojarme cuando lo único que se visualiza en los discípulos es terror por provocar un corte definitivo en la relación, en la pérdida de beneficios, etc. Mi enojo debe profundizar la realidad de mi amor hacia ellos. La calidad de mi enojo debe hacerlos llorar por el dolor que han causado a la relación, al equipo, al proceso, a la iglesia, a la familia, etc. Y como consecuencia de ese dolor real, desear ejecutar los cambios que antes no se quisieron realizar.

Mi enojo debe ser correctivo, nunca punitivo. El trabajo desagradable de castigar, de vengarse es exclusividad de Dios Juez, no mía. El castigo nunca trae prosperidad al que lo recibe. El hacer a una persona destinatario de la venganza nunca tiene como objetivo la felicidad del otro. Cuando Dios se enojó conmigo fue para que yo pudiera dejar de conducirme como un tonto, como un ignorante. Mi objetivo final con enojarme debe ser que el discípulo se conduzca como alguien inteligente y sabio.

El enojo mal empleado es como un caballo salvaje. Las emociones son como las espuelas en el bajo vientre de un caballo ya de por sí furioso. Provocan acciones que buscan sacarse de encima al origen del dolor. Por eso, como líder debo aprender a dominar mi enojo. Si no aprendo a tener las riendas firmes, cortas de las emociones, el enojo me va a dominar de tal forma, que mis acciones van a terminar matando emocional, social y espiritualmente a mis discípulos.

Mi Oración

"Que mis enojos produzcan en las personas, oraciones de gratitud a ti."

Esto dicen las Escrituras

"Te damos gracias, Dios nuestro, porque aunque estuviste enojado, ya se te pasó el enojo y nos has consolado. Confiamos en ti. No tenemos miedo, porque tú eres nuestro refugio." Isaías 12:1-2.

2 Corintios 1:12-2:4

1. Debe satisfacerme el saber que me he comportado bien y he sido sincero con todos. V.12.a.

2. Lo que me guíe no debe ser mi propia sabiduría sino la ayuda de Dios. V.12.b.

3. Lo que escriba o diga debe ser con palabras e ideas fáciles de entender. V.13.a.

4. Mi esperanza debe ser que se pueda comprender lo que ahora no se entiende bien. V.13.b.-14.a.

5. Debo trabajar para que, en forma reciproca tanto yo como mis seguidores nos sintamos orgullosos uno del otro. V.14.b.

6. Si tengo confianza puedo planificar visitas pensando en recibir ayuda para la misión. V.15-16.

7. Los planes que haga deben ser bien pensados evitando que el "sí" se convierta en "no". V.17-18.

8. Siempre debo cumplir mi palabra. V.19-20.

9. Debo querer que mis seguidores sean más felices. V.24.b.

Reflexión

"Debes querer que tus seguidores sean más felices."

Jesús me llamó a un liderazgo de servicio, no de logros personales. El liderazgo espiritual se ve afectado cuando lo que se prioriza es el beneficio y la alegría del líder. Para crecer en mis niveles de influencia, debe ir creciendo permanentemente el pensar en el otro antes que en mí. Y esto es fácil decirlo pero muy difícil el de llevarlo a la práctica en el día a día.

Como las consecuencias de lo anterior son bien claras existen momentos en que la fuerza emocional de saber que el mundo vive al revés, impulsa pensamientos como: "Por esta vez pienso primero en mí." "Tengo derechos una vez en la vida a pensar en mi felicidad y no en la del otro." Si las verbalizo casi nadie se atreverá a negar "mi derecho" a poner, en forma excepcional, mis necesidades antes que las de mis seguidores. Pero al hacerlo, esa esporádica incoherencia, siempre va a generar tristeza. Nunca puedo ser feliz si tomo decisiones que van en contra de mi carácter de servidor. Lo inverso también es real: Siempre voy a ser feliz si no borro con el codo lo que dije con mis labios en forma reiterada ante mis seguidores.

El desafío de mi liderazgo es cómo lograr que la felicidad de mis seguidores no sea afectada por mis palabras y acciones. En el liderazgo no cristiano se enseña a no preocuparse por lo que la gente diga o sienta. Lo que valen son los resultados. Pero en la responsabilidad de ayudar a madurar espiritualmente a los seguidores, los únicos resultados que valen son que el otro crezca en amor, esperanza y fe en Dios. Todo lo que no produzca estas cualidades o las disminuya, será contado en mi contra.

Por todo lo anterior es que liderar espiritualmente es un "rompedero de cabeza," porque exige aprender a decidir pensando al revés de lo que piensa, acepta y exige como legítimo cualquier líder no cristiano.

Mi Oración

"Aumenta mi capacidad de pensar al revés de lo que piensan los líderes seudocristianos."

Esto dicen las Escrituras

"Lo cierto es que mientras más sepas, más vas a sufrir. Mientras más te llenes de conocimiento, más te llenarás de problemas." Eclesiastés 1:18.

Abdías 1:1-9

1. Hay que comunicar a los que son cercanos, lo que se piensa hacer. V.1.

2. Hay que pedir que se escuche bien el mensaje que uno da. V.2.

3. Hay que explicitar lo que hace a uno estar muy equivocado. V.3.

4. Hay caídas que son inevitables. V.4.

5. El ladrón despoja sólo lo que tiene valor. V.5.

6. Hay acciones que pasan desapercibidas pero luego duelen mucho. V.7.

7. Hay que explicitar lo que uno dio y piensa quitar por causa del pecado del otro. V.8-9.

Reflexión

"Debes explicitar lo que hace la otra persona y que es una gran equivocación."

En el liderazgo, el que calla otorga al otro el derecho a pensar e interpretar lo que mejor le convenga. De allí la importancia de aprender a confrontar de manera apropiada al que está haciendo lo malo, lo incorrecto. Equivocarse en el "cómo" hablar al que está haciendo lo malo, es todo un arte. Si el tono, las palabras, los momentos, etc., no son los apropiados, los resultados no son los esperados por el que exhorta con el espíritu de padre, de amigo, de consejero, de pastor.

Aunque haya un gran abanico de personas y circunstancias que van a equivocarse por causa de ser rebeldes, hay una acción que es necesaria para todos y cada uno de los que van a ser exhortados a cambiar de actitud: hay que hablarles fuerte y claro. Con el pecador no se puede hablar a medias, desde la condescendencia que brota porque el que exhorta también sabe que es pecador. Eso quita poder a la reprensión. El pecado es un poder destructivo en cualquiera de sus etapas. Por eso es mejor disolver su presencia apenas se hacen visibles las primeras señales. Siempre es más fácil enfrentar una brisa que no un huracán o tornado.

Hablar fuerte y claro no significa gritar, ofender. Simplemente es demostrar que uno tiene autoridad delegada por Dios para decir lo que algunos no se atreven a decir. Otra forma de decir lo mismo es no dejar dudas acerca del único motivo que impulsa a uno a hablar fuerte y claro: "Te amo y eres muy importante para mí."

El hablar fuerte y claro pierde su capacidad de hacer volver del mal camino al discípulo pecador cuando el que exhorta se convierte en juez que amenaza con ejecutar sentencias. Sólo el amigo que habla fuerte y claro como hablaba Jesús cuando exhortaba a Pedro o sus discípulos, logra lo que logró Él: "Ser instrumento de cambio" en las vidas de otros.

Mi Oración

"Lléname de amor a la hora de hablar fuerte y claro con el que va por mal camino."

Esto dicen las Escrituras

"Ningún hipócrita puede estar en mi presencia. No soporto a mi lado al que se cree más importante y más inteligente que los demás. Sólo estará a mi servicio quien lleve una vida correcta." Salmo 101:7, 5-6.

Esdras 9:1-15

1. Nunca debo ser instrumento para ocultar el pecado que se comete.V.1-2.

2. Debo dar muestras exteriores del dolor que sufro por lo que veo que es pecado. V.3.

3. Siempre habrá gente que me acompañe cuando la lucha sea contra el pecado instalado. V.4.

4. Hay un tiempo que se requiere para recuperarse de la tristeza. V.5.

5. El dolor confunde hasta el nivel en que uno no sabe cómo hablar. V.6.

6. Es importante que desarrolle la capacidad de discernir las consecuencias de las acciones y decisiones. V.7.

7. Debo lograr que haya nuevas esperanzas, que renazca la alegría. V8.

8. Aunque no hay que negar la realidad, se le puede encontrar el "lado bueno a ella." V.9.

Reflexión

"Da muestras exteriores del dolor que sufres por lo que ves."

Si es cierto que "ojos que no ven, corazón que no sufre," lo inverso también lo es: "si veo, mi corazón debe sufrir." Nada conmueve más a Dios que ver a alguien que siente su mismo dolor ante la realidad del pecado. La insensibilidad ante la maldad lo irrita.

Dar muestras de que uno está dolorido no es señal de debilidad, sino de inteligencia, de unión, del carácter que uno posee. El hombre más poderoso de toda la historia de la humanidad, Jesús, lloró. Los que tienen su mente deben hacer lo mismo: llorar. Es débil el que por miedo al qué dirán los otros, no llora. Pero el que llora también es inteligente. El reprimir emociones trae como consecuencias problemas físicos de muchos tipos diferentes. El inteligente ve un peligro y huye. El necio persiste en ese peligro. Los que frenan sus lágrimas se dañan a sí mismos. Y eso no es una actitud inteligente. También el que llora demuestra que tiene confianza, unidad con el que ve sus lágrimas. La realidad se oculta del desconocido. Al que uno siente como amigo se le abre el corazón de par en par. De allí que la mayor prueba de amistad sea el tener la libertad de llorar frente al otro. Y por último, el llorar manifiesta que uno reconoce que es limitado, vulnerable, necesitado de ser consolado, etc. En definitiva, demuestra que el carácter es de un hombre humilde, de uno que va camino a la perfección, no de un ser de otro planeta.

Por lo anterior y por lo que sigue, las lágrimas son muy poderosas para mi liderazgo. Las lágrimas son instrumentos de acercarme, de unirme como humano a los que estoy influenciando. De igual manera son formas no verbales de comunicar a mis discípulos, lo que siento ante realidades que a otros no les afectan en lo más mínimo. La insensibilidad mata a cualquier relación.

Mi Oración

"Gracias por insertar en mi cuerpo mecanismos para permitirme llorar. Dame la inteligencia necesaria para saber cuándo utilizarlos para el provecho de tu Reino."

Esto dicen las Escrituras

"No actúes como si estuvieras de paso. No te portes como un viajero que sólo se queda a pasar la noche." Jeremías 14:7.

Ester 4:1-17

1. Hay noticias que generan mucha tristeza en algunos. V.1.

2. Hay cosas externas que impiden entrar a ciertos lugares de importancia. V.2.

3. Hay noticias que provocan tristeza colectiva. V.3.

4. Siempre existirá gente bien intencionada que quiere ayudar de forma equivocada. V.4.

5. Hay que encontrar la forma de preguntar qué pasa. V.5.

6. Hay que delegar en la persona correcta. V.5-9.

7. Al responder hay que aprender a utilizar las mismas palabras del otro. V.10-14.

8. Las decisiones siempre deben estar apoyadas espiritualmente. V.15-16.

9. Hay que cumplir con lo que a uno le encargan. V.17.

Reflexión

"Aprende a encontrar la forma
de preguntar 'qué pasa'."

Escuchar es más difícil que hablar. Y en una cultura de lo inmediato, de la búsqueda permanente del placer, del individualismo, del "comamos hoy que mañana moriremos," es extraño encontrar gente hábil en el arte de acercarse para averiguar lo que le pasa al otro. Eso explica el por qué a ellos nadie los rechaza y muchos los buscan para abrirse.

Hay diferentes formas de acceder a lo que al otro le pasa. Tantas como puertas existen en una fortaleza. Mi responsabilidad es saber identificar cuáles son las que me permiten entrar a la intimidad de lo que sucede.

Siempre habrá obstáculos que surgirán para impedir que los verdaderos motivos de la tristeza salgan a la luz. Mi tarea como líder es aprender a ser creativo a la hora de vencerlos. Y allí entra en juego mi capacidad de delegar. Hay veces en que el instrumento para escuchar no soy yo, sino alguien que está a mi lado. De allí que no tengo excusas a la hora de explicar la falta de búsqueda comprometida de la información basado en lo que hay detrás de la frase: "No me dejaron entrar."

El nivel de las relaciones existentes determina el grado de interés por lo que le pasa al otro. Hay frases que son como cintas métricas. Por ejemplo: El "qué me importa lo que le pasa al otro," es clara señal de que ese "otro" está lejos de uno. Por eso, debo ser rápido para escuchar y muy lento para explicar el por qué no estaba al tanto de lo que al otro le causaba tanta tristeza.

La verdadera escucha siempre genera empatía. Si me involucro en el escuchar a los que viven tristes, debo aceptar que ello implica compartir el dolor. El dolor es como el abrojo del campo: al que lo toca, se le pega. Aunque existen técnicas para amortiguar las emociones que produce el escuchar permanentemente el dolor de los angustiados, si uno voluntariamente acompaña a los que están en el lugar donde se prensa (Getsemaní), no hay que quedarse dormido. Al dolor se lo comparte, nunca se lo aumenta con el desinterés.

Mi Oración

"Incrementa mi capacidad de aprender a escuchar con la intención genuina de compartir el dolor."

Esto dicen las Escrituras

"Muestra tu amor, deja ver tu ternura y compasión. No seas indiferente al dolor." Isaías 63:15.

Hageo 1:1-11

1. Hay mensajes que tienen destinatarios y tiempos específicos. V.1-3.a.

2. Debo tener cuidado con postergar lo que es de Dios por lo personal. V.3.b-4. "Ustedes solo piensan en arreglar sus propias casas."

3. Dios quiere que piense seriamente en lo que estoy haciendo. V.5 y 7.

4. Dios mismo destruye lo que compite con Él. V.6 y 8-11.

5. Hay cosas que hago que ponen contento a Dios y muestran su grandeza. V.11.

Reflexión

"Se destruye todo lo que compite con Dios."

Hay competencias que están perdidas desde antes del arranque. Una las puede correr de todas formas por muchas razones. Algunas de ellas: ignorancia, tozudez, por obligación, por orgullo, etc. Pero el resultado siempre va a ser el mismo: sentido de derrota, de esfuerzo mal invertido, de impotencia ante otro que es más poderoso. Siempre voy a ser derrotado si quiero que Dios salga segundo.

A Dios lo pongo segundo cuando pienso primero en mí. Y eso es una competencia que tiene el final cantado: solo acarrea pérdidas, nunca ganancias.

Por lo anterior, es muy importante para mi liderazgo que examine constantemente las verdaderas razones del por qué hago lo que hago. Dios se pone contento y muestra su grandeza cuando lo que hago es solo y exclusivamente para su Reino. Si por el contrario, lo que hago, en el fondo es para mi reino, eso puede motivarlo a destruir en un instante lo que tanto esfuerzo me costó lograr.

Nada demuestra más mi carácter de amigo de Jesús que decirle a Dios que me muestre con claridad lo que estoy haciendo que no lo pone contento e impide que muestre su grandeza.

En el fondo, la destrucción de lo que compite con Dios esconde el tema de las prioridades. ¿Qué es primero? ¿Qué es lo más valioso? ¿Qué es lo que más me alegra? ¿Qué es lo que más me preocupa? Si la respuesta no está claramente relacionada con el avance del Reino de Dios, estoy en problemas. Estoy dándole a Dios oportunidad para decidir destruir eso que compite con sus deseos.

Cada pérdida del pasado debo considerarla como algo que consciente o inconscientemente estaba demostrando una competencia con los propósitos de Dios para mi vida. Por eso, a esas pérdidas en realidad hoy debo verlas como ganancia. Lo que perdí me impulsó a buscarlo más a Él. Y si lo busco a Él, eso significa que lo tengo todo porque al Todopoderoso Creador del Universo, eso lo alegra mucho.

Mi Oración

"Muéstrame lo que hago, decido y deseo, y que te hace sentir que estás en un segundo plano."

Esto dicen las Escrituras

"Yo soy el único Dios. Yo humillo a los reyes. Eres descendiente de mi amigo Abraham. Te llamé y elegí a mi servicio." Isaías 40:4, 2, 8-9.

Hechos 9: 36-42

1. Hay nombres y acciones que dan una idea de quién es quién. V.36.
2. El servir no significa estar libre del sufrimiento. V.37.
3. Hay pedidos urgentes que uno debe responder. V.38-39.
4. **Hay cosas que sólo se deben hacer en privado. V.40.**
5. Hay que dar una mano a la gente para que se pongan de pie. V.41.
6. Por causa de que la noticia corre, muchos creen. V.42.
7. Hay un tiempo y un lugar dónde quedarse. V.43.

Reflexión

"Hay cosas que sólo se deben hacer en privado."

La cultura latina, al igual que otras, nos impulsa a ser expansivos, abiertos en cuanto a lo que decimos, pensamos, hacemos. En otras culturas eso no es así. Por lo tanto, conservar la privacidad o guardarla es cosa que se halla muy influenciada por la cultura. Sin embargo, hay ciertas cosas que deben ser realizadas a puertas cerradas.

Por ejemplo:

. **La exhortación.** Reprender a alguien por lo mal que hace o dice, siempre debe hacerse lejos de los oídos y ojos de los demás. Al confrontar a una persona con lo malo, nunca se busca el castigo o la vergüenza. El objetivo es lograr el cambio de actitud, de forma de pensar.

. **El dar.** La siembra, la generosidad debe ser anónima. Cuando se hace pública ya no se imputa al "rubro" siembra generosa, ofrenda, sino al "rubro" relaciones públicas, marketing personal, etc.

. **El hablar de las visiones, de los sueños.** La visión dicha a la "multitud" fuera de tiempo solo genera problemas, degaste de tiempo y recursos. Los grandes sueños, cuando recién nacen, solo deben ser compartidos con los que tienen acceso al interior de mi realidad.

. **El compartir grandes dolores.** Un corazón dolorido siempre es peligroso. Las emociones no controladas hacen decir cosas que, cuando la calma regresa, uno se arrepiente de haberlas dicho. Por eso, el dar rienda suelta al dolor, al enojo, a los pensamientos confundidos, etc., solo se debe hacer a puertas cerradas con los amigos que, como son sabios, escuchan al corazón y no a la boca. Ellos son expertos en eso de que lo que entra por un oído sale por el otro.

Como líder, debo estar preparado para el momento en que me entere tarde de lo que un discípulo ya había descubierto a puertas cerradas. Eso no significa que me oculta información. Ello es señal clara de que él va por el mismo camino que ya transité yo.

Mi Oración

"Aumenta mi sabiduría a la hora de estar a puertas cerradas con alguien."

Esto dicen las Escrituras

"Te envío a ellos para que les digas lo que quiero que hagan." Ezequiel 2:4.

Job 42:1-6

1. Dios acepta nuestras respuestas. V.1.

2. Hay cosas sobre Dios, que siempre me conviene reconocer:

> A. "Nadie puede impedirte llevar a cabo tus planes." V.2.
>
> B. " Nadie puede poner en duda tu sabiduría." V.3.a.
>
> C. "Digo cosas que no alcanzo a comprender." V.3.b.
>
> D. "Hablo de cosas que en realidad no conozco." V.3.c.
>
> E. " Acepto que hay tiempo en que puedo hablarte y tiempos en que sólo debo escucharte." V.4.
>
> F. " Hay cosas acerca de ti que las sé sólo de oídas." V.5.a.

Reflexión

"Hay cosas sobre Dios, que siempre te conviene reconocer."

La familiaridad con Dios a veces es causa de problemas. De tanto oír y leer que soy hijo del Padre Todopoderoso, que soy amigo del Rey de Reyes, que valgo tanto que Jesús entregó su vida por mí; que soy co-heredero de las riquezas celestiales, embajador del Reino; que en forma personal Jesús me está preparando una morada en la Jerusalén celestial, etc., me olvido que también soy esclavo comprado a precio de sangre. Es decir que el título de esclavo lleva las de perder cuando se lo pone al lado de los otros. El combate es desigual: muchos títulos posicionales se enfrentan con uno solo que también es posicional y tan valedero como los otros.

Sin embargo, debo recordar que un esclavo -en el contexto del imperio romano-, no tenía derechos, ningún derecho. Sólo una obligación: obedecer "calladito la boca" a su amo. Cualquier esclavo que, como gallo de riña se atreviera a levantar la mirada, decir una media palabra en contra las decisiones de su amo, le cortaban la cabeza con un cuchillo sin filo, para que aprendieran los otros "que gallo que levanta el copete, termina degollado". Y yo no soy un esclavo del emperador Nerón, Calígula; soy siervo, esclavo de Jesús. Y esa es una cosa que siempre me conviene reconocer sean cuales fueren las circunstancias que me toque vivir.

El problema de ser un esclavo que "levanta el copete" ante su amo, surge por lo general en aquellos momentos en que el amo hace o decide no hacer cosas que eviten dañarme en mi economía, salud, relaciones, sueños, etc. En esos micro espacios de mi existencia, me olvido que soy esclavo y reclamo todos y cada uno de los derechos asociados con los títulos que me gusta poner permanentemente en mi mente y en mis palabras. Y eso implica que he renunciado al único título que me confiere autoridad para decir que sigo, obedezco, sirvo a Dios solo porque es un Amo súper bueno, que considero un honor el que Él me tenga por digno de poner mi cabeza para que la corten por su causa.

Mi Oración

"Gracias porque sé que nunca vas a permitir que sea un gallo de riña que enfrente a tu señorío. Como has hecho en el pasado, confío en que me vas a bajar el copete con firmeza, pero con mucha ternura."

Esto dicen las Escrituras

"Yo me fijo en lo que haces. Veo la marca en la frente de todos los que realmente están tristes por las acciones tan repugnantes que se cometen." Ezequiel 9:9 y 5.

Joel 1:1-20

1. Hay cosas a las cuales hay que prestar mucha atención. V.1.

2. Hay cosas que nunca se vieron en el pasado. V.2-4.

3. Hay cosas que deben ser contadas en todas las generaciones por venir. V.4.b.

4. Hay cosas que lo dejan a uno pelado como rama comida por langostas. V. 5-7.

5. Hay cosas que hacen llorar como novia a la cual se le ha muerto el novio. V.8.

6. Cuando cesan de llegar ciertas cosas, se producen lloros. V.9-13.

7. La llegada de ciertos días solo producen destrucción. V.15.

8. Hay cosas que se deben hacer en la propia cara para causar dolor. V.16.

9. Hay situaciones que tienen explicaciones en cuanto a su causa. V.17-18.

10. Cuando "el fuego quema" uno busca ayuda. V.19-20.

Reflexión

"Hay cosas que siempre te van a hacer llorar."

Cuando algo no se usa, se echa a perder. Los sacos lagrimales están para ser usados. Las gotas de agua que no se derraman se acumulan en algún lado. Por eso, si uno no llora ante lo que sucede, le hacen, o le dicen, figurativamente se produce un enorme "globo" en el ojo. Dios creo el mecanismo de las lágrimas para descargar el dolor ante pérdidas grandes: injusticias, ofensas, soledad, temores, violencia, etc. Como líder debo tener la capacidad de aceptar como algo natural el llorar de la misma forma que lo hizo Jesús cuando lloró ante la tumba de su amigo, o en el Getsemaní.

Como líder debo asegurarme de llorar por cosas que realmente valen la pena llorar. Llorar por cualquier tontería es señal de enfermedad. Pero el no llorar por lo que cualquier persona normal llora, también lo es. En ese sentido la Biblia es muy clara en cuanto a las cosas que deben producir tantas lágrimas como agua se derrama en las cataratas del Iguazú. Hay actitudes, decisiones, acciones que hacen llorar a Dios. Identificar lo que le causa dolor a Dios es un excelente consejo para avanzar en el camino de ser como Él es.

Otra forma de ver lo bueno que es llorar, es visualizar las consecuencias que producen en la vida de un niño cuando lo malo que hace nunca le hace llorar. Si a un niño no se le hace llorar cuando desobedece, pega al gato, prende fuego con la foto de los abuelos, rompe el vidrio del vecino, roba al almacenero de la esquina, los que en el futuro van a llorar serán muchos. De allí que el hacer llorar a alguien como consecuencia de aplicar disciplina a tiempo, es algo muy bueno. Y aunque a nadie le gusta ser instrumento de lloro en las personas que uno ama, el amor verdadero a veces hace llorar al amado.

Como consecuencia de todo lo anterior, debo aceptar como un hecho natural que siempre van a suceder cosas que me van a hacer llorar de tristeza, de dolor, de impotencia sin pedirme permiso. Mi responsabilidad es responder de manera madura (espiritual, social y emocionalmente) frente a esas cosas.

Mi Oración

"Sigue aumentando mi capacidad de llorar por lo que a Ti te hace llorar."

Esto dicen las Escrituras

"Hay noticias que se reciben que hacen retorcer de angustia y dolor como mujer a punto de tener su primer hijo." Jeremías 49:23-24.

Jueces 1:1-18

1. Hay preguntas que convendría haber formulado antes. V.1.

2. Las respuestas deben contener los porqués. V.2.

3. Si invito a luchar, eso implica ayudar al otro en sus luchas y conquistas. V.3.

4. Las victorias siempre son un don del Señor. V.4.

5. Al enemigo vencido hay que afectarlo de la misma forma en que él nos afectó a otros. V.5-7.

6. Lo que hoy se prende fuego, mañana se reedifica. V.8.

7. La conquista debe ser progresiva y total. V.9-11 y 17-18.

8. Hay que premiar el esfuerzo y el riesgo. V.12-13.

9. Los pedidos deben ser hechos por las personas apropiadas. V.14-15.

10. Hay gente que luego de acompañarme un tiempo, se establecerá en lo conquistado y me dejará. V.16.

Reflexión

"Hay gente que luego de acompañarte un tiempo, se establecerá en lo conquistado y te dejará."

El problema con la paternidad es que uno quiere que los hijos nunca se vayan del nido. No importan mucho las razones ocultas detrás de ese sentimiento. Lo importante es que van en contra del principio divino establecido con Adán y Eva: Hay que promover el dejar "al padre y a la madre," para ser una nueva unidad reproductiva sin que por eso uno pierda el sentido de identidad.

Los padres debemos trabajar para evitar dar mensajes dobles, ambiguos. Si queremos formar conquistadores de las promesas divinas, luego de haberlos formado para la lucha, de tenerlos al lado nuestro en varios campos de batalla, tenemos la obligación de dejarlos ir.

Todo lo que demore innecesariamente la salida de ellos en pos de SUS propias conquistas, va a afectar la relación que deseo tanto mantener. El no conceder libertad a un hijo por miedo a perderlo, termina produciendo lo que tanto uno desea evitar: finalmente se irá. El cómo será la partida de los hijos que se quisieron retener, puede variar. Algunos se irán como el hijo pródigo. Otros como Absalón. Otros como la hija de Caleb.

Si engendro hijos con la pasión y capacidad para conquistar, debo prepararme para el momento de que me dejen. Debo trabajar para que los descendientes que hoy me alegran y ayudan, mañana no estén al lado mío.

Mientras los futuros hijos que se van a ir estén en mi casa, debo disfrutar al máximo de su compañía. Ese es el tiempo para transferirles habilidades, implantarles principios de sabiduría, enseñarles cómo reaccionar ante las cambiantes circunstancias en el proceso de conquistar una tierra, pero también de darles la seguridad de que aunque se vayan de la casa, siempre tendrán un padre y/o una madre.

Mi Oración

"Líbrame del deseo de retener a los hijos que me has dado. Que nunca olvide que son tuyos. Fortalece la visión de que sólo soy alguien que los forma para que lleguen a disfrutar de lo que yo disfruto: ampliar la tierra donde tú gobiernas."

Esto dicen las Escrituras

"Antes de que llegue el momento de cumplir los sueños, yo pruebo el carácter." Salmo 105:19.

Lamentaciones 4:1-16

1. Lo que hoy es valioso, mañana puede llegar a perder valor. V.1-2.

2. Hay malas acciones que ni siquiera las hacen los animales. V.3.

3. Los estatus sociales pueden llegar a sufrir grandes cambios. V.4-5.

4. El "venirse abajo" siempre tiene una causa que lo explica: pecar. V.6.

5. El hambre y las enfermedades desfiguran a las personas. V.7-9.

6. Es mejor morir en la guerra, que morir de hambre. V.9.a.

7. Cuando el enojo de Dios es muy grande ya no puede contenerse. V.10-11.

8. Hay cosas que nadie en el mundo se imagina que pueden llegar a ocurrir. V.12.

9. La maldad une a la gente como ciegos que caminan por las calles. V.14.

Reflexión

"Para caminar la calle, elige bien a tu acompañante."

El dicho que dice: "Dime con quién andas y te diré quién eres" debería ser ampliado y decir: "Dime con quién andas y te diré quién eres y cuál es tu destino." Los grandes líderes siempre lo fueron porque supieron escoger a gente que los ayudaban en sus debilidades o potencializaban sus fortalezas. Hitler eligió la gente apropiada para hacer realidad sus locuras: Roemmers (para ganar batallas en el desierto), Himmler (para construir un sistema de vigilancia interna extrema), Goobers (para hacer la propaganda).

Equivocarse en las personas con quién caminar la calle, puede llevar a formar una banda de ciegos que ayudan a otros ciegos. De allí de no apresurarse a la hora de elegir a quién o quiénes van a ser compañeros de un largo camino. Eso corre para el matrimonio como para el compartir el liderazgo de una iglesia local.

Las circunstancias son malas consejeras a la hora de escoger compañía. El espanto une a cualquier tipo de personas. El hambre puede inducir a sentarse con madres que se comen a sus propios hijos. Por eso, debo imitar a Jesús: Si voy a elegir a gente clave, hay que consultar al "Papi" Celestial para tener absoluta certeza de quién Él quiere que camine a mi lado.

Lo que se experimenta como equipo está determinado por lo que cada uno es delante de Dios. Nunca me conviene andar del brazo de quien lo hace enojar. Y por lo contrario, siempre me conviene "trenzarme" con aquel que tiene sobradas pruebas que ama a Dios con ternura. La explicación del por qué algunos terminan comiendo de la basura cuando antes comían manjares, se halla en que en algún momento se unieron a "malas juntas."

Por todo lo anterior, debo ser lo que Dios quiere que sea y entonces, como "imán" seré atraído y atraeré a gente que piensa y vive como Jesús. En este sentido tengo que dar claros indicios que rechazo a los que no son capaces de dar en la "talla espiritual" que demanda el servicio a Dios. Y al mismo tiempo, que el hacer algo con excelencia sin calificar espiritualmente, no implica el ser apto para caminar conmigo.

Mi Oración

"Aumenta mi capacidad de rodearme de la gente que tienen tu forma de pensar."

Esto dicen las Escrituras

"Tengo un pequeño grupo al cual amo mucho. Protejo a la ciudad por amor a quienes me son fieles en todo." Isaías 37:32 y 35.

Malaquías 2:10-17

1. Todos tenemos una misma identidad: "tenemos un mismo antepasado." V.10.a.

2. La falta de identificación conduce al engaño. V.10.b.

3. El pacto con Dios hay que cumplirlo. V.10.c.

4. Hay actos que deben dar vergüenza. V.11.a.

5. No puede haber unidad con los que adoran otros dioses. V.11.b.

6. Hay ofrendas que Dios no recibe con gusto. V.12.

7. Hay lágrimas derramadas en el altar que son causas de exterminio. V.13.

8. Ver y no hacer nada para impedir lo malo también es causa de exterminio. V.14.

9. Dios ha visto lo que ha hecho cada uno de nosotros. V.14.b.

Reflexión

"La falta de identificación conduce al engaño."

El querer aparentar se practica cuando uno se encuentra con los que no tiene intimidad y profundidad relacional. Las "hojas de higuera" surgen cuando aparece el temor a las consecuencias. Y el temor es el resultado final de no estar seguro de que el otro me ama y perdona cualquier mala decisión. Si tengo una firme convicción de cómo es mi padre, nunca voy a temer que me pegue un "patadón" y me eche de la casa por las "metidas de pata" que yo haga.

Las máscaras para ocultar la realidad solo se pueden llevar por un tiempo y en ciertos lugares. Pero es una estupidez el ponérsela en la cocina donde estamos todos los días, con los íntimos. Si hay relaciones profundas, correctas, fruto de ser uno en el tiempo, apenas aparezca con una máscara, voy a ser identificado como uno que quiere ocultar algo. Por eso el engaño es señal de que la unidad entre el engañador y el engañado tiene fisuras. Nadie engaña al que ama.

Como líder debo recordar que soy culpable cuando por reaccionar mal ante los errores, desobediencias, pecados, decires, etc., mis seguidores por temor a las represalias, deciden no ser sinceros. La firmeza con amor fortalece la confianza del seguidor. La convicción de que uno es inflexible con las malas acciones pero no con las personas, abre el camino para la confesión. Si el tiempo de caminar juntos demuestra que las caídas reconocidas en tiempo y forma potencializan las relaciones, nunca surge el deseo de ocultar. Pero la falta de identificación siempre conduce al engaño.

Hay un límite para soportar al "portador de máscaras" que encima viene con quejas. Por eso comienzo a caminar por sendas peligrosas cuando quiero justificar mi pecado presentando quejas sobre lo que hizo o no hizo Dios. Ello irrita profundamente al Creador del Universo, al Padre amador. Es poner la cabeza en la guillotina cuando el creado señala con el dedo al creador. Es un auto reconocimiento de que se es un ignorante de la paternidad divina cuando se le acusa de que no ama como debería amar. Y eso se le perdona una, dos, tres veces, pero cuando repiquetea como pájaro carpintero en el árbol de la vida de forma continua, Dios saca la escopeta y le pega un tiro al que lo irrita.

Mi Oración

"Aumenta el conocimiento de tu persona. Incrementa mi gratitud por todo lo que me has hecho."

Esto dicen las Escrituras

"Obedéceme en todo y evita hacer lo malo y yo hablaré bien de ti." Job 1:8.

Miqueas 4:6-13

1. Dios dice cosas de su pueblo. V.6.a.
2. El castigo debe hacer sufrir. V.6.b.
3. El castigo debe tener un fin. V.6.c.
4. Con los pocos que queden se puede hacer algo grande. V.7.
5. Hay que reconocer lo que es de ayuda a lo que uno ama. V.8.
6. Hay que buscar razones por las cuales se debe dejar de llorar. V.9.
7. Hay que buscar razones importantes por las cuales llorar. V.10.
8. Hay que dar seguridad de que habrá intervención divina para el que está aprisionado. V.10.b.

Reflexión

"En tus victorias, reconoce lo que te fue de ayuda."

Las victorias son hermosas y al mismo tiempo peligrosas. Hermosas porque uno ve que el esfuerzo valió la pena. Peligrosas porque el ruido de la gloria impide oír las voces que explican el origen verdadero de esa corona que a uno le han colocado. Todo éxito es el resultado del aporte de otros. El "llanero solitario" es un invento. Nadie gana una guerra exclusivamente por sus "capacidades de general". Siempre hay soldados anónimos que dieron su vida para que uno sea aclamado por las multitudes. Por ello, como modelo a imitar por mis seguidores, debe ser un hábito el reconocer a todos y cada uno de los que he visualizado y que han sido de ayuda para lo que amo.

Las divisiones en un equipo empiezan cuando hay ausencias de glorias y botines compartidos por el que es aclamado como un toro poderoso. Si todo lo logrado es cien por ciento para Dios, lo que es recompensa terrena a disfrutar por los instrumentos que Dios usó, debe ser compartido sabiamente. El que ama por naturaleza da, comparte sin esperar nada a cambio. El egoísta oculto da para recibir, siembra para cosechar, es generoso para ser prosperado. Pero como lo oculto sale a la luz, los momentos en donde uno es el invitado de honor que recibe la gloria, son espectaculares vitrinas para que las realidades del carácter de un individuo salga a la luz.

Los criterios y proporciones a la hora de distribuir, co-participar o la palabra que uno desee utilizar a la hora de recompensar al que fue de ayuda, pueden variar según las circunstancias y las personas. Pero si son mal aplicados, hasta mil barras de oro sonarán a migajas para un guerrero que perdió a su hijo en el campo de batalla. Lo contrario es también válido: ese mismo padre puede llenarse de orgullo cuando ve que el rey llora sinceramente cuando menciona en público, con nombre y apellido, la valentía del hijo que ya nunca más se sentará en la mesa del anciano padre.

Mi liderazgo disminuye o aumenta de forma proporcional al botín que distribuyo. Cuando menos gloria me queda en la mano, mayores esfuerzos y recursos van a ser aportados por los que se suman a la causa. Y ese aumento de recursos es lo que permite afrontar mayores desafíos, batallas, empresas. Lo inverso también es verdad.

Mi Oración

"Si vas a darme fuerzas de toro, aumenta mi nivel de humildad y sabiduría a la hora de que otros me exalten."

Esto dicen las Escrituras

"Te recuerdo dos cosas. Primera: que si los habitantes de un país se pelean entre sí, el país será destruido. Y si los miembros de una familia se pelean entre ellos mismos, se destruirá la familia. Segunda: El que no me ayuda a traer a otros para que me sigan, es como si los estuviera ahuyentando." Mateo 12:25 y 30.

Pinceladas de Liderazgo

CUIDADO CON EL ENAMORAMIENTO

Nahúm 3:1-19

1. Hay lugares que se llenan de asesinos, mentirosos y ladrones que nunca se cansan de robar. V.1.

2. El engaño se vuelve contra el engañador. V.2-4.a.

3. Lograr enamorar a alguien es el camino para que él entre en tratos con uno. V.4.b.

Reflexión

"Al enamorarte has comenzado a recorrer el camino por medio del cual harás tratos."

Las emociones del enamoramiento son como una moneda: tienen dos caras. Una es linda, placentera. La otra llega a producir problemas pues anula la capacidad de pensar. La pasión del enamorado disminuye la capacidad de evaluar las consecuencias de ciertas decisiones. Por eso, Pedro dejó sus redes. De allí que Jesús, en el momento apropiado, obligó a sus discípulos a meditar en el costo de seguirlo. Como líder debo medir si el pacto que mantengo con Dios es producto de las emociones o de un acto consciente.

En el liderazgo las emociones muchas veces son los motores que impulsan a aceptar "tratos," propuestas, desafíos, compromisos. El problema es que cuando se "acaba la luna de miel," el mantener la palabra empeñada cuesta. La disminución del fuego emocional es la explicación del por qué existen tantos divorcios, tantos acuerdos que quedan a mitad de camino. Ante eso quedan dos caminos: el primero hace todo lo posible para que el enamoramiento no solo se mantenga sino que crezca. El segundo: Se inicia la relación con la menor incidencia posible de las emociones. Ambas opciones tienen su pro y su contra.

Aún los" jóvenes de la edad madura" (70 para arriba) necesitan y anhelan ciertas dosis de enamoramiento. Para lograr que uno ponga al servicio del otro todo lo que se tiene y se es, se requiere que las emociones acompañen a la razón. Nadie muere por un papel firmado. Hay millones que han muerto porque una persona, una ideología, un proyecto, etc., les provocaron las mismas emociones que le surgen a un adolescente cuando se enamora por primera vez. De allí que, como líder, aprenda a emocionar a los que me escuchan y no sólo sea hábil para afectar sus mentes.

Mi Dios es una persona racional apasionada por establecer relaciones. Por eso, como enamorado reacciona cuando ve que su amado/a coquetea, o directamente se entrega en brazos de su enemigo. Pero también se vuelve "loco de contento" cuando ve la sinceridad de la ternura del que, delante de sus ojos, es su predilecto/a. El secreto para disfrutar de las consecuencias de su permanente alegría, es mantener el trato de servirle, de amarle, con un cóctel de emociones. Pero si las circunstancias son aspiradoras de cualquier emoción, el mantener el trato -aunque nada se sienta- tiene mucho más valor delante de sus ojos.

Mi Oración

"Con emociones o sin ellas, he decidido seguirte. No sabría qué hacer si pierdo la relación contigo."

Esto dicen las Escrituras

"Quiero demostrarte cuánto te amo. No tienes por qué llorar. Yo te tengo compasión tan pronto me pides ayuda. En cuanto oiga tus gritos, te responderé. Y si acaso te envío algún sufrimiento, no me quedo escondido. Es que soy tu maestro. Con tus propios ojos lo verás." Isaías 30:18-19.

Números 17:1-12

1. Cada líder debe ser instrumento para proveer identidad a su "tribu." V.1-3.

2. Debo tener lugares para lograr encuentros con Dios. V.4.

3. Dios toma medidas para poner fin a las murmuraciones en contra de mi liderazgo. V.5.

4. Tengo que adquirir capacidad de trasmitir las instrucciones que recibo a fin de cumplir lo que se me pide que haga. V.6-7.

5. Si hago lo que se me pide, Dios se ocupa de que suceda lo que dijo que iba a suceder. V.5 con 8.

6. Hay símbolos que deben servir de advertencia a los rebeldes a fin de evitar repetición de daños. V.9-10.

7. Tengo que estar preparado a que haga lo que haga, siempre habrá malas historias repetidas. V.12-13.

Reflexión

"Tienes que estar preparado, porque hagas lo que hagas, siempre habrá malas historias repetidas."

Vivo en un momento en donde lo nuevo es sinónimo de bueno y agradable. La novedad atrae, alegra, seduce. Lo que se repite aburre, cansa, genera deseos de abandonar. Por eso, cada vez cuesta más el adquirir hábitos, someterse a rutinas, mantenerse fiel a una persona, institución, a un proceso, a una visión que ya lleva muchos años, etc.

Lo anterior explica el por qué se hace tan difícil el cumplir con el rol de pastor, apóstol, profeta, evangelista, maestro,que se me ha encargado. En el acompañamiento del proceso que lleva a la madurez a un inmaduro, hay malas historias que se repiten vez tras vez. Mi legajo de líder está lleno de historias ocultas donde he tropezado con la misma piedra. El archivo mental de mis mentores provee muchas ilustraciones de cómo mis reiteradas estupideces los irritaron en el pasado.

Uno de los grandes legados de los excelentes líderes que ya no están, es la esperanza que tenían de que perseverar en eso de "volver a empezar porque este retroceso es señal de que el trabajo no terminó," es parte de la misión, del propósito por el cual Dios los había escogido para liderar. El "uno, dos, tres y listo", sólo sirve para postres baratos, para hamburguesas con gusto a plástico. Los buenos cocineros poseen constancia, personificación, flexibilidad en cada comida porque, para ellos, cada comida es especial, irrepetible, es una obra de arte única.

Las malas historias y decisiones que se repiten en el tiempo, que son como comidas que vuelven a tener mal sabor, me inducen a "tirar la toalla," a la autogeneración de palabras y pensamientos que finalmente llevan a tomar decisiones como "hasta aquí llegó mi ayuda." Luego vendrán las explicaciones: "Me cansé de aguantar siempre lo mismo."

Cuando no tenga ganas de volver a empezar, debo recordar que Dios ha persistido en mi vida a pesar de todas las veces que lo que hice tenía sabor a comida podrida.

Mi Oración

"Gracias por no haberme vomitado, por haber vuelto a creer en mí cuando mis acciones y pensamientos te provocaron mal olor, mal sabor y dañaron tus emociones."

Esto dicen las Escrituras

"Medita en mi amor inagotable mientras me adoras." *Salmo 48:9.*

Oseas 2:2-13

1. Tengo que estar preparado para enfrentar apropiadamente las infidelidades. V.2.

2. Si se quiere recuperar la relación, al desleal hay que saber qué exigirle. V.2.b.

3. Las consecuencias del "no cambio" deben ser explicitadas. V.3-4.

4. Debo prepararme para la ingratitud del desleal. V.5. y 12.

5. Debo aprender a crear cercas de espinos que encierren al desleal. V.6-7.

6. Debo ayudar a que el desleal piense y compare su estado actual con el que vivió o va a vivir. V.7.b. y 9-11.

7. El problema básico del desleal es que no quiere reconocer algunas cosas. V.8.

8. Debo aprender a soportar el olvido y la falta de atención que me da el desleal. V.13.

Reflexión

"Debes aprender a crear cercas de espinos que encierren al desleal."

La deslealtad no es una posibilidad sino una realidad que se hace presente en la vida de cualquier líder. Duele si estamos preparados, pero más afecta emocionalmente si se cree que "a mí no me va a pasar." Jesús, Pablo y cuanto formador de discípulos existieron, sufrieron el dolor de que personas que amaban les pagaran con deslealtad todo lo que sembraron en ellos.

La deslealtad puede ser permanente o transitoria. La decisión de volver a restablecer lo que se perdió, en última instancia siempre es del que es desleal, no del que ama. El que ama sólo tiene la potestad de seguir trabajando para que el desleal decida regresar a tener una relación de exclusividad con el que ama.

El que ama al desleal puede hacer cosas que ayuden a que el regreso de este último pueda ser una posibilidad. Todas ellas son dolorosas y van en contra de lo que los inmaduros piensan que es amar. Porque amar también implica decir lo que al otro le duele, quitar lo que al otro le causa alegría, privar de lo necesario o valioso, etc. Hay varias figuras que el que ama y quiere trabajar para recuperar la relación debe aprender a aceptar como su responsabilidad el construir cercas de espinos. Hay momentos que un líder es agente de destrucción de viñas fértiles. Ladrón de lo que causa alegría al desleal.

Por eso, solo los maduros espirituales y emocionales pueden ser agentes de restauración. Los inmaduros reaccionan. Los maduros producen acciones solo buscando el bien del que ofende, hiere o rechaza. Los inmaduros piensan que si siguen dando muestras de amor, con ello van a conmover al desleal. El desleal sólo va a ponerse a pensar cuando lo que tiene en "forma paralela" se convierta en pérdidas. Siempre el recupero de una relación tiene un precio que lo pagan ambas partes involucradas. Nunca una sola. De allí que el decidir ser un "discipulador reproductor" implica aceptar cosechas de dolor y no solo de alegrías.

Mi Oración

"Dame la capacidad de aprender a amar al desleal como Tú lo haces."

Esto dicen las Escrituras

"Cuando te castigué te volviste a mí a pesar de tu dolor. Mi castigo te hizo sufrir mucho, tu dolor fue muy grande. Pero ahora eres mi pueblo y aunque estés destruido, has vuelto a vivir." Isaías 26:16-19.

Colosenses 1:3-20

1. Siempre hay motivos de gratitud al orar. V.3-4.

2. Anunciar la buena noticia por todo el "Imperio Romano" da buenos resultados. V.6.

3. El Espíritu Santo es quien me hace amar a los demás. V.8.

5. Hay que ser específicos en lo que uno ora por los que ama. V.9.

5. Si hago toda clase de cosas buenas y conozco más cómo es Dios, Él estará contento. V.10.b.

Reflexión

"Si haces toda clase de cosas buenas y conoces más cómo es Dios, Él estará contento."

El que ama realmente tiene una sola preocupación: Poner contento a la persona que ama. Esto que es tan simple, no siempre se ejecuta. En realidad, demasiadas veces lo que uno hace entristece, enfada, irrita al destinatario de esas acciones. Por ejemplo uno sólo regala algo cuando quiere arreglar un conflicto que tiene como origen al dador del presente. Lo que se hace no es una forma de demostrar amor, sino de querer "comprar" el perdón del otro. Peor aún es el dar algo a cambio de otra cosa. Los hijos nos irritan cuando se ofrecen a lavar los platos buscando permiso para algo que desean mucho. Cuando el amado se siente usado se entristece y, dependiendo del día, se irrita.

Dios es una persona emocional. En realidad nuestras emociones son reflejos distorsionados de las emociones divinas. No es que nosotros atribuimos nuestras emociones a Dios. Es al revés: Mis reacciones emocionales deben reflejar el cómo reacciona emocionalmente Dios.

Cada vez que un seguidor mío hace algo que sin dudas agrada a Dios debo reforzar esa actitud de alguna forma pues ha puesto contento a quien amo. Y hay una ley no escrita que la persona que pone contento a quien amo con pasión y compromiso, se merece un premio o por lo menos una felicitación de parte mía.

Como líder no lo pongo muy contento a Dios cuando le sirvo pensando en la recompensa. Es una falta de respeto al Dueño del Universo proponerle un trueque. Sin embargo lo pongo "loco de contento" cuando lo que hago es porque lo amo con ternura como un niño de diez años, que corta el pasto para que el papi, que vuelve del trabajo, lea el diario bajo un árbol.

Pero "hacer" sin el ansia de conocer a Dios cada vez más, es alegría a medias. El Padre Celestial quiere que la moneda no sea falsa porque tiene una sola cara. Si hago lo que a Él le agrada por deber, por ser políticamente correcto con el Creador de todas las dimensiones existentes, eso no lo pone contento. Para eso tiene los ángeles. De igual modo, repetir a toda hora que lo amo pero no hacer lo bueno que Él explícitamente pide, en vez de ponerlo contento, lo lleva progresivamente a irritarse. La permanente doblez, falta de sinceridad, el ser una cosa y decir otra, lo "empuja" a ser irónico, duro y hasta tomar la decisión de ir creciendo en el uso de la disciplina. Por lo tanto, debo esforzarme no solo por hacer lo que debo hacer sino por aumentar permanentemente mi conocimiento de quién es el Padre de Jesucristo. Si lo hago, habré contribuido para que haya alegría en el que está sentado en el trono celestial.

Mi Oración

"Que lo que haga sea sólo la consecuencia de conocerte cada día más."

Esto dicen las Escrituras

"Cuando Dios quiere a alguien, le da sabiduría y conocimientos, y lo hace estar alegre." Eclesiastés 2:26.

1° Crónicas 20:1-3

1. Hay un tiempo para cada cosa. V.1.a.

2. Hay momentos que son apropiados para salir a guerrear. V.1.b.

3. Hay batallas que evidencian el carácter de las personas. V.1.c. (Comparar con 2 S. 12:26-31 y 1 R 2:1-9.)

4. Hay que tener cuidado con lo que uno hace con el botín de guerra. V.2.

5. La cultura, las circunstancias y la situación espiritual, influencian en lo que uno hace con el que pierde. V.3.

Reflexión

"En tus batallas se evidencia tu carácter."

Una cosa es ser y otra parecer. Como cualquier ser humano no transformado completamente a la imagen de Jesús, todo líder lucha por la autenticidad. Sabe y enseña la importancia de ser y no parecer. Sin embargo tiene evidencias de que ser totalmente auténtico, abierto y trasparente tiene un alto costo en ciertas circunstancias históricas, en ciertos momentos de procesos de cambios profundos de las instituciones, personas, familias. Y por supuesto, sabe por experiencia personal que si uno es totalmente trasparente con los inmaduros espirituales o emocionales, eso puede volverse en contra suya. Sin embargo, en los momentos de extrema presión, lo que uno es aparece.

Las batallas son uno de los mejores lugares para conocer a las personas. Allí todo el esfuerzo que demanda aparentar lo que uno no es, se redirecciona para resolver el conflicto, el ataque. Tanto la victoria como la derrota sirven por igual para ver quién es en realidad cada cual. El que fingía ser generoso se va a quedar con la parte mejor del botín. El leal seguirá siendo leal. El que fingía ser misericordioso se volverá cruel con el enemigo vencido, etc.

Mi carácter sale a luz en medio de las batallas, pero también en lo que hago cuando dejo que otros peleen en mi lugar. Nada mella más mi capacidad de influenciar que quedarme cuando otros ven que a la hora de luchar junto a ellos, me quedo en el spa. Las señales que ellos vean sobre mi involucramiento en las batallas que mis seguidores libran, determinan cómo va a ser el futuro de mis relaciones con ellos. Por eso, aún cuando mis heridas no me permitan estar en el campo de batalla, ellos deben estar seguros de que si pudiera, estaría al lado de ellos. Si ellos saben que "estoy aunque no esté", luchan sin sentirse abandonados por quien siguen.

La mejor forma de ser auténtico es luchar para que los títulos, la fama, lo que otros dicen que soy, etc., no me hagan olvidar que soy solamente uno más del ejercito del Todopoderoso. La corona o los galones -aunque sean de general- no los gané yo solo. Todo lo que tengo y soy es porque la gracia de Dios se manifestó en mi vida y esa gracia no ha quedado sin resultados. Por ello, lo mejor que puedo hacer con los botines es compartirlos con mis compañeros de batalla, quedarme con una pequeña tajada y todo el resto dárselo al verdadero triunfador: Dios.

Mi Oración

"Que mis pequeños o grandes triunfos no me hagan creer que soy grande."

Esto dicen las Escrituras

"Nadie puede enderezar lo torcido, ni contar lo que no tiene." Eclesiastés 1:15.

2 Crónicas 3:1-14

1. Aunque se tenga lo necesario, a veces hay que esperar para empezar. V.1.

2. Deben existir razones valederas para escoger. V.2.

3. Hace falta un diseño a la hora de construir. V.3.a.

4. Los cimientos deben ser anchos. V.3.b.

5. Si se va a recubrir algo, que sea con algo superior. V.4-7.

6. Hay clavos que aunque sean de oro, pesan mucho. V.8-9.

7. Hay imágenes que se colocan sólo en lugares muy especiales. V.10-13.

8. Hay cortinas muy bellas que separan a las personas. V.14.

Reflexión

"Deben existir razones valederas para explicar el por qué escoges."

En el liderazgo, la tarea de escoger es algo continuo. Consciente o inconscientemente uno escoge qué hacer, cuándo hacer, con qué hacer, con quién. De allí la importancia de que en los momentos previos a la toma de decisiones, me pregunte por qué hago lo que hago, por qué digo lo que digo. Tarde o temprano, alguien va a preguntar el porqué de las decisiones.

Hay decisiones que responden a voluntades del que vino antes. Y ese origen ajeno condiciona las opciones a la hora de decidir. Por eso es bueno, cuando uno es continuador de procesos, estar informado de los por qué pre existentes por medio del dialogar con el que conducía en el pasado.

Las razones de peso siempre deben ser claras a la hora de decidir. Ellas son las generadoras del compromiso que la búsqueda de la excelencia requiere a la hora de ejecutar un evento dentro de un proceso.

El conocer la historia del por qué se hizo, se hace o se hará algo, reduce el nivel potencial de la oposición. Muchos conflictos se evitan si los seguidores están informados de las razones que llevaron a la toma de decisiones. La desinformación siempre genera ruido en las relaciones. El ocultamiento del porqué como líder tomo decisiones, a la larga va a producir tensiones, distanciamientos, murmuraciones, especulaciones, etc.

Las razones que presenta un líder para explicar el por qué oculta las razones de sus decisiones, no siempre van a ser claras o compartidas por los seguidores. Ante ello, la excepción en mi liderazgo debe ser tomar decisiones sin dar razones de ellas. La norma será explicar siempre el por qué escojo lo que escojo. La cohesión del equipo depende de la identificación del propósito que el mismo posee. Nadie entrega lo valioso por lo que no tiene sentido.

Mi Oración

"Dame la capacidad y humildad de explicar a mis seguidores el por qué hago lo que hago, por qué no hago lo que otros hacen."

Esto dicen las Escrituras

"Date cuenta de que lo que sucedió fue planeado desde hace mucho tiempo." Isaías 22:11.

2 Reyes 4:18-37

1. Tengo que estar preparado para que el don me sea quitado por el dador. V.18-20.

2. Ante los problemas que vienen, siempre hay algo que puedo hacer. V.21-22.

3. Para resolver los problemas, hay recursos "en mi casa." V.22.

4. Debo desarrollar la capacidad de no perder el tiempo en responder preguntas que no valen la pena responder. V.23.

5. Debo recordar que el control de la velocidad lo tengo yo. V.24.

6. No estoy obligado a responder a todas las personas. V25-26.

7. Tengo que aceptar que Dios no siempre está obligado a decirme lo que pasa. V.27.

8. Debo prepararme para escuchar reproches de parte del que sufre. V.28.

9. El que sufre no está dispuesto a aceptar ciertas propuestas de parte mía. V.29-30.

10. Aunque sea un muy buen hábito el delegar, hay ciertas cosas en las que no pasa nada hasta que yo intervenga. V.31-35.

11. La gratitud siempre busca manera de expresarse. V.36-37.

Reflexión

"Recuerda que el control de la velocidad lo tienes tú."

Como líder debo aprender a vivir con las paradojas. En las manos de Dios están mis tiempos pero en forma simultánea el control del velocímetro está en mis manos. Esa es la consecuencia de una decisión que Dios tomó al crearme: no quiere que sea independiente ni dependiente. Su anhelo es que sea como Jesús: Uno que aprende a disfrutar de ser interdependiente con el Padre y el Espíritu Santo.

La inmadurez propia o ajena siempre intenta tomar control de las circunstancias y de las decisiones. Con argumentos y acciones tratan de determinar la velocidad que, según ellos, deben respetar los procesos. Lo mismo acontece con los que son maduros. Por ello, mi liderazgo crece a medida en que aprendo a caminar apropiadamente con los inmaduros y maduros.

Por lo anterior se me exige asumir la responsabilidad final de mis decisiones. Los inmaduros se excusan diciendo: "Me obligaron, me presionaron, etc." Los maduros se hacen cargo de sus actos.

Un corolario de lo anterior: "Hay ciertas cosas que sólo van a suceder si yo intervengo." De allí que el verdadero liderazgo es siempre difícil: por un lado crezco a medida que delego y por el otro, avanzo si aprendo a discernir cuáles de mis actos son indelegables.

Mi Oración

"Dame cada vez mayor madurez para saber manejar los tiempos."

Esto dicen las Escrituras

"Yo te enseño lo que te conviene y te guío por las sendas que debes seguir." Isaías 48:17.

Esdras 4:1-24

1. El enemigo se da cuenta de lo que está pasando. V.1.

2. El enemigo trata de "colaborar," de "ayudar." V.2.

3. Hay que ser inteligente a la hora de rechazar los ofrecimientos envenenados. V.3.

4. El objetivo del enemigo es desanimar, meter miedo a fin de que la obra se detenga. V.4.

5. El enemigo sabe a quién comprar para lograr sus objetivos. V.5.a.

6. Hay objetivos que se mantienen por largo tiempo. V.5.b-7.

7. La amenaza de sufrir perjuicios sirve para impulsar la toma de decisiones. V.17-22.

Reflexión

"Descubre lo que sirve para impulsar la toma de decisiones."

Los cambios son producto de las decisiones tomadas. Las transformaciones no vienen porque sí, son reacciones ante las circunstancias. Esas circunstancias pueden ser favorables o adversas. Pero en uno u otro sentido, son las palancas que explican el porqué de los cambios.

Como líder tengo la responsabilidad de hallar cuál palanca es mejor para lograr que se tomen decisiones que modifiquen la realidad que debe ser cambiada. No hay "palancas universales" que puedan ser utilizadas en todas las personas y circunstancias. Me voy a equivocar mucho si pienso que como la zanahoria mueve a algunos burros, va a lograr el mismo efecto en el perro que está sentado en el sillón del living. De allí la importancia de conocer qué motiva a cada persona.

Según sea la palanca que utilice serán las reacciones emocionales que se produzcan. Hay motivos que causan alegría y otros que causan tristeza, angustia, preocupación.

Hay cambios que son el resultado del derrame de muchas lágrimas previas, y otras que son el cumplimiento de deseos profundos que se aguardaban ver durante mucho tiempo. Por eso el estar "caminando" estrechamente con los seguidores me permite descubrir qué palanca es la más apropiada para lograr los cambios que anhelo ver producidos en la vida de ellos.

Para evitar que el enemigo me impulse a tomar decisiones equivocadas, debo conocer las palancas que me mueven. Él tiene mucha más experiencia en eso de vender "gato por liebre." Es muy hábil a la hora de disfrazar las motivaciones que hay detrás de cada decisión.

En cuanto a Dios, la principal palanca que me debe mover para tomar decisiones se llama temor. Temor es respeto al rey amigo, hermano mayor que entregó su vida por mí. Cuando se desdibuja en mi mente quién es Jesús, quién es el Espíritu Santo que vive en mí, quién es el Padre que ansía el día en que vaya a su presencia, corro el peligro de que palancas equivocadas me muevan hacia destinos equivocados.

Mi Oración

"Incrementa mi conocimiento de quién eres. Que la relación de amor me lleve a un mayor respeto a tu persona."

Esto dicen las Escrituras

"Yo te he cuidado desde antes que nacieras, te he llevado en mis brazos y lo seguiré haciendo hasta que llegues a viejo y peines canas. Te sostendré y salvaré porque soy tu Creador. Te aseguro que todos los planes que tengo contigo, se cumplirán tal como yo quiero." Isaías 46:3-4 y 10.

—————— *Ester 7:1-10* ——————

1. Debo aprender a esperar o a crear los momentos apropiados para actuar. V.7.1-6.

2. Hay palabras que al escucharlas me pueden llegar a paralizar de miedo. V.6.b.

3. Cuando me halle muy enojado, debo diseñar mecanismos que sirvan para calmarme. V.7.

4. Hay peligro en eso de estar demasiado cerca de alguien o de algo. V.8.

5. Debo estar atento a los aportes imprevistos que mi gente realiza. V.9.a.

6. Lo que alguien trama en mi contra se puede convertir en su horca. V.9.b.

7. Algunos se tranquilizan sólo cuando las acciones son ejecutadas. V.10.

Reflexión

"Cuando me halle muy enojado/a, debo diseñar mecanismos que sirvan para calmarme."

Siempre se presentan circunstancias que me harán estar muy enojado. Esas emociones generan decisiones que en un extremo significan "colgar bien alto" al que fue el origen de las mismas.

El nivel de relaciones afectivas que uno posee, determina el grado de daño emocional que las circunstancias producen. Una cosa es ver cómo alguien daña a mi hija amada, y otra cosa es ser testigo ocasional de cómo un adolescente desconocido le grita a su hermana. De igual modo, el nivel de autoridad que me separa del ofensor, explica el nivel de sanción que puedo llegar a ejecutar. Cuando el daño emocional que siento es muy grande y tengo mucho poder, la misericordia se puede llegar a ausentar.

Hay personas perversas que debo aprender a detectar y eliminar de mi entorno. Ellas siempre son y serán fuente potencial y real de problemas. Como no siempre es fácil discernir sus motivaciones ocultas, debo estar preparado para aprovechar las circunstancias que los alejen de mi equipo. Dónde, cómo y cuándo hacerlo, vienen "servidos en bandeja."

La tranquilidad alterada por algunas decisiones y acciones de gente cercana, sólo retorna cuando se ejecutan determinadas acciones. La "leche deja de hervir" sólo cuando "ya no se echa leña al fuego." Nada irrita más que la presencia continua del que se percibe como el causante del dolor. De allí la importancia de decidir perdonar o asumir la responsabilidad de "mandar a la horca" al que causó la herida inmensa. En ese contexto, como líder debo recordar que Dios enseña, por sus acciones, que hay personas con las cuales no puede ni debe ejercitarse ni el perdón ni el olvido.

Mi Oración

"Aumenta la capacidad de discernir qué hacer con el que me daña mucho emocionalmente."

Esto dicen las Escrituras

"Clama a Dios en las noches; cuéntale cómo te sientes." Lamentaciones 2:19.

Habacuc 2:1-20

1. Dios siempre va a responder a mi queja. V.1.

2. Lo que Dios da a conocer, debe ser escrito. V.2.

3. No hay que desesperarse si lo prometido tarda en cumplirse. V.3.

4. La confianza da vida. V.4.

5. El orgullo es como la muerte: siempre quiere más. V.5.

6. Las víctimas, en el día menos esperado, se vengan del opresor. V.6-8.

7. Hay ayudas que dañan. V.9-10.

8. Las paredes que uno posee son testigos mudos de lo que uno hace. V.11.

9. Lo que uno hace, si se hace con medios injustos, de nada sirve. V.12-13.

10. Lo que importa es que la tierra se llene de gente que reconozca el poder de Dios. V.14.

11. Sólo es cuestión de tiempo el ver cómo el orgullo se convierte en humillación. V.15-16.

12. La violencia que uno ejerce se vuelve en contra. V.17.

13. Hay preguntas que se responden a sí mismas. V.18-19.

14. Hay personas ante las cuales conviene callarse. V.20.

Reflexión

"Tus paredes son testigos mudos de lo que haces."

Mis paredes hablan de quién soy, de lo que pienso, de lo que hice, qué sueño hacer, quiénes son mis afectos, etc. De igual forma, debo aprender a descubrir por medio de ellas estas cosas de las personas que me abren las puertas de sus casas.

Las paredes hablan para el que sabe escuchar lo que ellas dicen. La capacidad de observar es tan importante para mi liderazgo como la de escuchar y hablar. Las paredes hablan por lo que está en ellas pero también por lo que no está. Muchas veces lo que ya no está en una pared comunica realidades. Por ejemplo, cuando una viuda baja la foto de su esposo fallecido, dice mucho.

Mi capacidad de liderar aumenta a medida que aprendo a utilizar muchos medios diferentes. El uso frecuente de un solo medio, empobrece mi liderazgo. Por eso, a la capacidad de hablar debo sumarle la capacidad de ver lo que las paredes dicen.

Sólo se exhibe en una pared lo que uno considera bello o valioso. Los que entran en mi intimidad deben captar de un solo golpe de vista lo que para mí y mi familia consideramos valioso.

Como líder debo ser un hábil interrogador de lo que las paredes quieren decir. Si hago las preguntas correctas sobre lo que está en una pared, voy a recibir mucha información valiosa para comprender y conocer a las personas.

La intimidad engaña. Hace creer que nadie se entera de lo que sucede puertas para adentro. Sin embargo nada que se hace en oculto, permanece oculto. Es un principio de Dios que siempre se cumple. El no sólo ve lo que hago en la intimidad, sino que se ocupa en el tiempo oportuno para sus propósitos, de dar a conocer lo que me costó tanto ocultar.

Mi Oración

"Que la gente que me conoce, sepa que soy en la intimidad lo mismo que soy en público."

Esto dicen las Escrituras

"Algunos ya te ven como si estuvieras desnuda." Isaías 47:4.

Hageo 2:1-9

1. Hay mensajes que aunque tienen destinatarios particulares son para el resto del pueblo. V.1-2.

2. Frente a lo nuevo siempre hay todavía testigos que pueden comparar el hoy con el ayer. V.3.

3. Hay realidades de hoy que son muy poca cosa comparadas con lo "primero." V.3.b.

4. Lo que uno es y la compañía que se ofrece anima y logra que se "ponga manos a la obra." V.4.

5. Las promesas deben ser mantenidas siempre. V.5.

6. El miedo se va cuando uno tiene compañía. V.5.b.

Reflexión

"Lo que tú eres y la compañía que ofreces, anima y logra que otros pongan manos a la obra."

Hasta las vacas en algún momento se resisten a ser arriadas. Como líderes no obligamos ni manipulamos a la gente para que haga lo que debe hacer. Si lo hacemos no somos líderes, sino tiranos. Tenemos la capacidad de influenciar de tal manera, que ellos ponen manos a la obra en lo que Dios ha pedido que se haga. Dios habla por medio de nuestras vidas y les dice: "¿Puedo contar contigo para hacer esto?"

La historia está llena de personas que animaron de tal forma al pueblo, que él mismo entregó no solo sus bienes materiales, sino hasta sus propias vidas. Muchos fueron ejemplos que miles y millones imitaron. Mahatma Gandhi es sólo uno de ellos. Pero otros con gran poder de animar, fueron todo lo contrario. Hitler entra en esta categoría. Para pasar a ser parte de la historia que importa, de la que se registra en el cielo, debo no sólo ser hábil en animar, motivar, impulsar a otros, sino tener un carácter espiritual que, al igual que Jesús, lleve a la gente a dejar todo para ser parte de los que hacen que el Reino de Dios se expanda entre las naciones.

Ahora bien, puedo animar y estimular a mi gente con lo que soy, pero lo que garantiza que la obra realmente se haga es cuando yo me convierto en combustible de avión para sus vidas. Ellos se elevan cuando me "meto" en sus existencias, cuando soy compañía a la hora de poner manos a la obra. Muchos procesos no llegaron a ser terminados porque los líderes dijeron: "Vayan y háganlo." Grandes victorias fueron ganadas porque, como Alejandro Magno, los reyes y generales iban adelante, arriesgando sus vidas al igual que el soldado raso. Nada estimula más a un ejército que saber que sus generales no son de escritorio.

Hoy más que nunca hace falta ver a los Nehemías, los Josué, los Caleb, los David que duermen con los que reconstruyen; que corren el riesgo de ser heridos en la batalla; que sufren lo mismo que sus seguidores. La gente se desmotiva cuando los "ungidos de Jehová," en el tiempo en que hay que guerrear, se suben a una torre a ver lo que nunca debía ser visto.

Mi Oración

"Aumenta mi placer a la hora de estar con mis amigos peleando la buena batalla para que tu Reino se expanda entre las naciones."

Esto dicen las Escrituras

"Porque me obedeces, te daré poder. Voy a demostrar cuánto te amo." Isaías 30:15 y 18.

Hechos 1:12-26

1. Hay desobediencias que pasan desapercibidas por lo "pequeñas que son". V.12-13 y 1:2-4. "No salgan," "caminaron un Km hasta llegar de nuevo a Jerusalén."

2. Ser muy unidos lleva a orar siempre juntos. V.14-15.

3. La inclusión puede ser parcial. V.15.a. "algunas mujeres..."

4. Hay propuestas que marcan la historia que se presentan en un día común. V.15.b.

5. Se puede ser de los nuestros y trabajar con nosotros y llegar a ser uno que traiciona. V.16-17.

6. Hay realidades dolorosas que llevan a modificar los hechos. V.18. "Se cayó de cabeza y se estrelló contra el suelo."

7. Hay pensamientos que se aceptan sólo por quién es el que los formula. V.21. "Por eso, otro tiene que ocupar el lugar de Judas."

Reflexión

"Ten cuidado con aquellos pensamientos que se aceptan sólo por quién es el que los formula."

Examinar todo y retener lo bueno es un muy buen principio para cualquier persona. El problema es que resulta difícil el respetarlo cuando la persona que dice, propone, ordena, es alguien que tiene la admiración de muchos. Millones de personas aceptaron propuestas y decisiones encandiladas por la personalidad e historia del que las proponía. Hitler y los alemanes de su época es un terrible ejemplo de las consecuencias que tiene el "tragarse sapos envenenados" de manos del que tiene la suprema autoridad.

Hay decisiones que para ser aceptadas deben lograr anular la capacidad de análisis de los que están desde la primera hora. La personalidad de algunos líderes logra el silencio de los que, por su historia y trayectoria tienen el mismo rol o autoridad. Y eso siempre será peligroso en el mediano y largo plazo. Aunque ese líder se salga con la suya, va a llegar el momento en que, como a Pedro, le saldrá al cruce gente como Pablo que le dirá lo que nadie se atrevió a decir en el pasado. (Ver Gálatas 2:11-14).

Hay una co-responsabilidad en las consecuencias de las decisiones del que calla. Ya lo dice el dicho: "El que calla otorga." Muchos reproches se reciben cuando el precio de callar se hace visible. Pero a la hora de las decisiones, el silencio puede ser neutro para el que propone o cuenta los votos. También puede ser interpretado como un respaldo silencioso. O en ocasiones, como un rechazo sin palabras a la propuesta. En definitiva, el callar cuando alguien se traga un sapo envenenado de manos del rey, siempre es algo peligroso. Me pueden llegar a pasar la factura en el futuro como cómplice del envenenador.

La Biblia está llena de decisiones humanas que fueron sapos envenenados muy bien condimentados por los líderes de diferentes épocas. David y su deseo de construir un templo para Dios es sólo uno de ellos. Como líder voy a tener que hacerme cargo de las veces que impuse decisiones que no eran originadas en Dios aunque, por mi capacidad de manipular al otro, logré que pasaran como teniendo el sello de aprobación del Supremo.

Mi Oración

"Aumenta la capacidad de mis seguidores de confrontarme cuando tengan dudas de mis palabras y decisiones."

Esto dicen las Escrituras

"El tonto está seguro de que hace lo correcto; el sabio hace caso al consejo. El sabio piensa bien lo que hace." Proverbios 12:15 y 13:16.

Isaías 65:8-16

1. No hay que desechar a lo que todavía se le puede sacar jugo. V.8.a.

2. El amor hace desaparecer el deseo de destruir todo. V.8.b.

3. La fidelidad trae beneficios. V.9-10.

4. No le espera nada bueno al que no responde al llamado de Dios. V.11-12.

5. Es peligroso elegir lo que no agrada a Dios. V.12.b.

6. Hay diferentes consecuencias a la hora de hacer o no hacer lo que a Dios le gusta. V.13-15.

7. Dios cumple lo que promete. V.16.

Reflexión

"Sólo el amor hace desaparecer el deseo de destruir todo."

Las emociones son atributos divinos deformados por el pecado. Por eso la Biblia dice que si nos enojamos no pequemos. No dice que no nos enojemos, solamente afirma que no nos convirtamos en elefantes enojados en un bazar.

Hay motivos muy valederos para que como líder me sienta como el agua de una pava que hace dos horas está al fuego máximo. Aún más, hay cosas que irritan tanto, que en vez de pava me siento como olla a presión. Y eso es un gran peligro para mi liderazgo. El ser humano enojado que pierde el control es candidato seguro para hacer lo mismo que hace un elefante muy irritado en un negocio que vende cosas de porcelana fina.

Todos los "lexotaniles" que se puedan tomar para calmar mi enojo, tienen efecto pasajero. Los consejos de terceros, las amenazas, las palabras fuertes dichas a la fuente del enojo, etc., son pequeñas válvulas de escape de la olla a presión que, porque sigue prendida, va a seguir acumulando presión.

El deseo de destruir al que hace lo que no se debe hacer, que elige lo contrario de lo que se debe elegir, es legítimo. Dios se está mordiendo los labios, atando sus propias manos para no hacer lo que dijo que iba a hacer: destruir a todo el que hace lo malo. Pero se calma no porque tenga una farmacia llena de pastillas que calman su enojo. Se calma porque ama. El amor es lo único que hace desaparecer el deseo de destruir todo como el viento desarma las nubes negras o verdes de la tormenta.

Como líder debo aumentar mi amor hacia el seguidor que hace lo malo, lo incorrecto. Y el mejor "conejito de indias" para practicar siempre es el peor del equipo, o sea yo mismo. Si aprendo a amarme sin ignorar mi realidad de pecador hábil a la hora de esconder lo que sólo Dios conoce, voy a ser capaz de no ser un elefante enojado necesitado de un puré de "lexotanil". El que sabe que es muy amado por Dios, ama a su prójimo.

Mi Oración

"Aumenta mi visión de cuánto me amas a pesar de lo que soy. Y que, como resultado, pueda ser firme con lo que está mal pero muy amoroso con la persona que hace lo malo."

Esto dicen las Escrituras

"Sé cómo un padre para los habitantes de mi ciudad." Isaías 22:21.

QUE NADIE QUEDE AFUERA

Joel 2:27.b-32

1. Hay que tener en claro quién es Dios. V.27.b.

2. La humillación tiene su origen en no reconocer quién es Dios. V.2.c.

3. Hay cosas que deben pasar antes de recibir. V.28.a.

4. Los beneficios prometidos son multigeneracionales y para todos los status sociales. V.28.b.-29.

5. Hay que prestar atención a las muestras de poder. V.30-31.a.

6. Hay razones que hacen a los días maravillosos. V.31.b.

7. Las promesas son condicionadas. V.32.a.

8. Hay lugar preparado para vivir seguro. V.32.b.

Reflexión

"Que los beneficios alcancen a todas las generaciones y a todos los status sociales."

La inclusión es una de las características de todo gran liderazgo. El ancho del apoyo de un proceso es directamente proporcional a la amplitud de la base de personas que lo componen. De allí la explicación del porqué el movimiento de Jesús es tan grande. Jesús buscó beneficiar a todo tipo de personas. Por eso fue criticado por los religiosos y políticos de su época. Voy a crecer en mi liderazgo a medida que crece el número de barreras que son derribadas por mi servicio.

El pensar en beneficiar a solo una franja de edad, de status social, etc., es como un virus en un quirófano. Puede ser letal. Y si no mata, por lo menos afecta mucho al cuerpo que lo aloja.

Hay dos cosas que impiden pensar en beneficiar a todos:

1. Lo que impide el pensar en forma multigeneracional es la falta de paternidad. Los padres que son adultos, maduros, piensan en los hijos pero también en los nietos, bisnietos y en sus abuelos y bisabuelos.

2.   Lo que impide el pensar en forma multisocial es la falta de humildad. El orgullo segrega, es sectario porque se cree superior al otro. Enceguecido por creer que lo sabe todo, que lo puede todo, que lo tiene todo, no ve al inferior como necesario. Al que es igual lo mira con desconfianza. Sólo su mirada, atención y esfuerzos, son dirigidos hacia quien considera superior porque es fuente de provisión, apoyo para ascender en la escala del status, etc. Por lo contrario, el líder humilde ve a cualquier persona como lo que es: creación preciosa de Dios que tiene capacidades únicas que son para servir en forma sinérgica con otros.

Por lo anterior, mi obligación como líder es pensar siempre en que mis acciones afecten positivamente a todas las generaciones y a todos los niveles sociales.

Mi Oración

"Dame inteligencia para que mi servicio beneficie a todas las generaciones y a las personas de cualquier clase social."

Esto dicen las Escrituras

"Quiero que seas como Yo. Actúa con mi misma rectitud y justicia." Salmo 72:1-3.

Jonás 1:1-15

1. Hay ciertos días en donde se reciben mensajes de parte de Dios. V.1-2.

2. Hay razones por las cuales uno decide no hacer caso a lo que Dios pide. V.3.a.

3. Hay personas que tratan de irse lo más lejos posible para no ser halladas. V.3.b.

4. Aunque no se entiende, hay personas que se sienten contentos a la hora de irse lo más lejos posible de Dios. V.3.c.

5. Hay vientos fuertes que se convierten en terribles tempestades. V.4.a.

6. Lo que conduce lejos de los propósitos de Dios, corre el peligro de romperse en pedazos. V.4.b.

7. En el peligro extremo uno tiembla de miedo, llama a gritos a su dios, se desespera, arroja lo que pesa. V.5.a.

8. Hay personas que en medio de las tempestades "duermen" plácidamente. V.5.b.

9. A los dormilones hay que despertarlos. V.6.

10. Es natural tratar de hallar culpables ante cada desgracia. V.7.a.

11. El que se rebela contra los planes de Dios, puede tener respuestas correctas para sus actitudes incorrectas. V.7.b-12.

Reflexión

"Puedes tener respuestas correctas para tus actitudes incorrectas."

Desde el huerto del Edén los hombres intentamos explicar el por qué desobedecemos. Nos hemos convertido en expertos para elaborar respuestas correctas para justificar nuestras actitudes incorrectas. En ese esfuerzo por ser nuestros propios abogados defensores o abogados acusadores, nos vamos a dos extremos: "Le echamos la culpa a alguien o a algo o, si asumimos la culpa, tratamos de que el que escucha el alegato nos deje en paz para salirnos con la nuestra."

En la estupidez de darle la espalda a una orden divina, Dios a veces "juega al gato y al ratón." Deja que, como "bebé ratón" ante "gato grande" y con muchos años de experiencia, hagamos cosas para escapar de sus designios.

Ese tiempo de intentar "irse lejos" de lo que Dios quiere, solo logra que lo que era brisa se convierta en viento fuerte, en terribles tempestades. Pero es claro que el que ha decidido decirle no a Dios de manera consciente, no va a cambiar de parecer por más que sufra y haga sufrir. Todo lo contrario, como un mecanismo de autodefensa, en medio de las más terribles tempestades, puede llegar a desarrollar la capacidad de dormir profundamente. De allí que es muy desgastante el proceso de hablar con el rebelde desde cualquier perspectiva: del abogado defensor o del fiscal acusador.

Como líder formador de seguidores, debo desarrollar la capacidad de anular mis propios argumentos a la hora de querer justificar lo que no tiene justificación. Debo tomarlo como muestra del amor divino cuando alguien me confronta "sin anestesia" por lo que estoy haciendo mal, que está dañando a otro, que va en contra de lo que Dios me dijo que haga, etc. Ante la exhortación del amigo/a que me ama, solo un camino: Escuchar calladamente y cambiar de decisión.

Mi Oración

"Aumenta mi decisión de obedecer sin cuestionar, de no tomarme licencias a la hora de respetar tus principios de vida."

Esto dicen las Escrituras

"Eres mi elegido. Te he llamado a mi servicio. Cuentas con mi apoyo. Me llenas de alegría." Isaías 42:1.

─────── *Juan 3:22-35* ───────

1. Hay que estar y hacer cosas, junto a los discípulos. V.22.

2. Los trabajos iguales generan competencia o cooperación. V.23-25.

3. Es de mucha importancia el tener en claro quién es uno. V.27-30.

4. El secreto para no desubicarse es trabajar para... "Que el superior crezca y el inferior disminuya." V.30-32.

Reflexión

"Es de mucha importancia que tengas en claro quién eres y quién es el que está al frente tuyo."

Las culturas ocultan verdades en cada gesto que la gente realiza. En el pasado cuando un hombre se sacaba el sombrero, saludaba al que tenía al frente. Era una falta de respeto el no sacarse el sombrero. Como líder espiritual siempre estoy ante alguien que es superior a mí. Estoy para servir no para ser servido. La misión es ayudar a que el otro crezca hasta parecerse a Cristo. Mi privilegio es dar de gracia lo que recibí de gracia. Mi obligación: Actuar como un modelo de padre que siembra en sus hijos. El día en que interna o externamente dé señales que "soy superior" mi futuro ha comenzado a peligrar.

Hay momentos de la vida en los cuales el que está al frente con un status asignado superior al mío, exige de forma verbal o no que yo reconozca su "grandeza." Mi resistencia a esa demanda es señal de que el tiempo de partida ha llegado. Si no doy lo que pide, ese líder va a producir acciones que mostrarán claro que ya no soy persona grata en su equipo. Y si le doy "forzadamente" lo que quiere, eso irá produciendo un crecimiento en esas emociones contenidas que son como un volcán a punto de explotar. A mediano o largo plazo, el estallido se ha de producir. Por lo tanto, lo mejor para ambos es partir en buenos términos. El tira y afloje por lograr o negar reconocimiento es herramienta del diablo para destruir las relaciones de equipos.

Por lo que a mi liderazgo respecta, siempre me conviene rechazar honestamente cualquier gesto que el otro me haga que implique aceptar formal o informalmente que soy superior a él. La caída final siempre viene precedida por una multitud de pequeños tropezones. El creerme que debo sentarme en el trono, a veces comienza cuando creo que ya es suficiente tiempo de sentarme en el banquito roto de la última fila y que no tiene nada de malo el sentarme en la primera fila donde se sientan los que son dignos de honra. El decidir ser servido en vez de servir, a veces comienza cuando comienzo a pensar que tengo el derecho a que otro me lave los pies ya que todos vieron los miles de pies sucios que lavé. El exigir recompensa siempre creciente por mi trabajo, a veces comienza con el pensamiento oculto de creer que es hora de recibir la paga correcta por todo el esfuerzo realizado por el bien del otro. Y así podría seguir ilustrando cuando la búsqueda de reconocimiento por gestos externos dados por el otro, siempre implica una clara desobediencia a principios espirituales muy claros en la Biblia.

Por lo tanto, lo mejor que puedo hacer hasta el final de mis días es reconocer que el otro siempre es digno de recibir, de parte mía, señales externas de que realmente lo considero superior a mí mismo. En el fondo nadie va a sentirse mal por darle lo que muchos no quieren darle: El reconocimiento de que es importante.

Mi Oración

"Que nadie se sienta afectado por no darle honestamente el reconocimiento externo que él se merece o exige."

Esto dicen las Escrituras

"En mis pleitos contigo, yo tu Dios, siempre salgo ganando. Pero de todas maneras, si quieres insistir en tus demandas, hazlo. Vas a comprobar lo que pasa conmigo: Hay muchos que te alaban con los labios pero te niegan con sus hechos." Jeremías 12:1 y 2.

Jueces 6:33-40

1. Hay alianzas que se forman para atacar al pueblo de Dios. V.33.

2. Si uno está apoderado por el Espíritu del Señor, siente deseos de luchar contra los enemigos del pueblo de Dios. V.34.a.

3. Hay que utilizar medios apropiados para convocar a luchar. V.34.b.

4. Hay personas que necesitan demostraciones directas de parte de Dios para correr riesgos por ser protagonistas de los procesos divinos. V.36-37.

5. Dios no tiene problemas de dar seguridad al que realmente lo necesita. V.39-40.

Reflexión

"Utiliza medios apropiados para convocar a luchar."

Las batallas no se ganan siendo un llanero solitario. La victoria viene porque hay un ejército que pelea unido. Y aunque hay batallas gloriosas donde trescientos valientes derrotaron a cientos de miles, lo normal es que el bando que tiene más y mejores soldados valientes entrenados, gana la guerra. De allí la importancia que tiene la etapa previa de reclutar por medio del convocar.

Las convocatorias pueden ser exitosas o desastrosas. También mediocres. Todo depende de quién convoca, de los instrumentos que se utilizan para convocar y de las circunstancias que rodean a la convocatoria. Estos tres elementos se afectan mutuamente y explican los resultados a la hora de evaluar la convocatoria realizada. Pero toda convocatoria comienza cuando se hace algo para que los que tienen que participar, vengan a ofrecerse. El silencio no convoca a nadie. Por eso hay que saber hacer el ruido necesario y suficiente para cada convocatoria.

Cada convocatoria debe ser visualizada, como el echar una red para pescar. En el recoger habrá toda clase de "pescados." El tamaño de la red amplía las posibilidades y la obligación de invertir tiempo en seleccionar a lo que vino como respuesta de tirar la red. Siempre hay tiempo para el descarte de pescados muertos o venenosos. De allí la importancia de saber realizar convocatorias amplias y de tener sistemas muy buenos de selección de personal. Por eso siempre hay que hacer mucho para atraer gran número de "pescados" a la red.

Si de lo mucho quedará poco, dependerá de los criterios de selección, de la necesidad y del tiempo. Si la convocatoria es con poco ruido, entonces se corre el riesgo de que pocos respondan. Y eso aumenta las posibilidades de que falten recursos apropiados y suficientes a la hora de pelear las batallas. Y eso es tan peligroso como solo tener tres sardinas venenosas en el día treinta de un naufragio.

Mi Oración.

"Aumenta mi capacidad de convocar gente que te ame y tenga el oído afinado para oír tus convocatorias."

Esto dicen las Escrituras

"Entrena a los más débiles para que sean guerreros. Prepara para la guerra. Llama a los mejores hombres de guerra." Joel 3:9-10.

Lucas 23:1-12

1. Los hechos pueden ser distorsionados con tal de lograr objetivos. V.1-2.

2. Hay que usar la astucia a la hora de responder ciertas preguntas. V.3.

3. Hay aspectos legales que se utilizan para evadir responsabilidades. V.4-6.

4. Hay personas que sólo quieren ver milagros y hacer muchas preguntas. V.8-9.a.

5. El silencio también es respuesta. V.9.b.

6. No hay que dejar que a uno lo conviertan en lo que no es. V.9.b.

7. Hay personas que son muy insistentes en la presentación de acusaciones. V.10.

8. El insulto y las burlas son armas del enemigo. V.11.

9. Hay momentos en que el rechazo une a los enemigos. V.12.

Reflexión

"No debes dejar que te conviertan en lo que no eres."

Los momentos difíciles de la vida son buenos para verificar quién es quién. Las crisis son excelentes "campos de prueba" para que uno demuestre hasta qué punto se es fuerte en medio de la debilidad. Un rey se fortalece de acuerdo al temple que posea en medio de la derrota, del estar rodeado de enemigos superiores. Un líder demuestra el nivel de fe que posee no en la abundancia sino en la estrechez, cuando tiene un diagnóstico muy malo de parte del médico, en los momentos en que piensa: "solo yo he quedado," y demás.

El enemigo sabe que en la multitud de palabras dichas en los momentos de profundo dolor, hay una gran oportunidad para añadir pecados. Las emociones alteradas son buenas parteras para la queja, la respuesta ofensiva, el autodefenderse, el reproche, etc. Por ello, ante un ataque organizado por el infierno, el silencio del líder que tiene el respaldo del cielo, es suficiente respuesta. Callar es cosa de valiente. Ya lo dice la Biblia: "Más vale conquistarse a uno mismo que conquistar ciudades amuralladas." El dominio propio, ante el enemigo, es un arma muy poderosa.

La degradación de la autoridad de una persona comienza cuando se convierte en títere de las personas. Dejar que los enemigos logren que uno diga y haga lo que ellos quieren, sólo conduce al mismo fin de Sansón: ser juguete en sus manos.

El manejo de mis palabras y silencios son herramientas para incrementar la autoridad delegada por Dios. Al enemigo lo irrita estar ante alguien que no le afectan las palabras ofensivas, los insultos, las mentiras. Tiembla cuando el "otro" que parece más débil con dos o tres simples palabras bien dichas, demuestra que no es el títere sino el titiritero.

Mi Oración

"Hazme cada vez más inteligente a la hora de utilizar las palabra y los silencios, las acciones y el no hacer nada para responder a los ataques de mis enemigos."

Esto dicen las Escrituras

"Cuando los más tristes recuerdos te llenen de amargura, cuando ellos te quiten el ánimo, recuerda que te tengo compasión, que cada mañana se renueva mi gran amor y fidelidad hacia ti. Espera con paciencia a que yo venga a salvarte. De allí que siempre es bueno aprender a soportar el sufrimiento desde la juventud. Es conveniente que te calles cuando yo te lo ordene." Lamentaciones 3:19 y 22-28.

Malaquías 3:1-4

1. Lo que esperas, está en marcha. V.1-2.a.
2. Ve adelante preparando camino para el Dios Todopoderoso. V.2.b.
3. Cuando menos lo esperes, voy a entrar. V.2.c.
4. ¿A quién buscas? V.2.d.
5. No resistas mi presencia. V.2.e.
6. Como mi mensajero: "¿A qué te pareces?" V.2.f.
7. Sin purificación ni limpieza, no recibo tus ofrendas. V.3.a.
8. Hay una forma de presentarte que a mí me agrada. V.3.b.
9. **Quiero sentir la alegría que antes tenía. V.4.**

Reflexión

"Haz lo necesario para que regrese la alegría que antes había."

El pasado se convierte en tortura cuando las alegrías vividas se pierden de manera irreversible, permanente. Ese es el mayor dolor del que es esclavo: Sabe que lo que fue, ya nunca más será. Pero también es del que ha sido amputado en la realización de sus sueños: Nada invalida más que la esperanza que se pierde de lograr algo que durante muchos años se espera. De allí que la depresión y el lloro permanente son el reemplazo de la alegría en aquellos en que la capacidad de esperar ha desaparecido.

Para volver a sonreír como en el pasado, hay que recuperar la confianza en el Todopoderoso. Dios todo lo puede. Cuando alguien recobra la visión de quién es Dios para el individuo, vuelve a creer que lo imposible se volverá posible. Acepta con tranquilidad lo que antes lo angustiaba: "No sé cómo, ni cuando, pero Él va a darme lo que me prometió."

El camino para recuperar la alegría experimentada en el ayer, es una senda que Dios mismo ha transitado, transita y transitará. Nadie ha vivido la melancolía por las alegrías del pasado como Él. El dolor del ayer que hoy ya no es, es su compañía en millones de las relaciones que tiene con sus hijos. Sus ojos se llenan de tristeza al ver que la pureza que brillaba como oro, hoy es mugre. Se le parte el corazón cuando compara en su mente los recuerdos de cómo, en los inicios del ministerio, el compromiso en el servicio era una prueba del inmenso amor y gratitud con los permanentes reclamos de: "debes darme recompensa por todo mi trabajo para tu Reino."

Si se ama hay que hacer todo lo posible para que lo que era fuente de alegría en el pasado, vuelva a surgir como pozo que ha sido tapado. Eso es válido para la relación con el Dios Todopoderoso, pero también para cualquier relación que ha sido afectada por el transcurrir del tiempo.

Mi Oración

"Quiero ser instrumento para que tú recuperes la alegría que antes tenías."

Esto dicen las Escrituras

"Yo soy amigo de la gente honrada. Bendigo el hogar del que es honrado. Pon siempre tu mirada en lo que está por venir. " Proverbios 3:32-33 y 4:25.

POR CAUSA TUYA EL AGUA Y EL ACEITE SE UNEN

Marcos 3:1-6

1. Hay lugares donde se debe reforzar lo que se dijo. V.1.

2. Hay vigilantes que están viendo para acusar. V.2.

3. Siempre debe haber capacidad para utilizar lo que hay para lograr el objetivo. V.3.

4. Hay que aprender a hacer las preguntas correctas en la forma correcta. V.4.

5. Hay diferentes tipos de miradas. V.5.a.

6. Hay acciones y palabras que unen a los que son enemigos. V.6.

Reflexión

"Hay acciones y palabras tuyas que
unen a los que son enemigos."

Lo que hago y digo tiene mucho poder en el mundo espiritual. Se me ha delegado autoridad para atar y desatar. Por medio de lo que digo unido a lo que hago lo imposible se hace posible. Por eso, las fuerzas del mal siempre necesitan aliarse para resistir. Ellos conocen muy bien el poder que hay en el acuerdo de dos que se unen para orar y trabajar para que el Reino irrumpa en un espacio geográfico determinado.

A medida que mis acciones y palabras se alineen con la voluntad de Dios, mayor número de alianzas ocultas voy a provocar en mis enemigos. Gracias a mi obediencia, el agua y el aceite se unen, el día y la noche trabajan juntos sin dejar de ser lo que son; el polo positivo y el negativo viajan por un solo hilo de cobre, el león y la hiena comparten alegremente una presa.

Debo recordar que el éxito de un líder provoca alegría en unos y enojo en otros. De allí la importancia de madurar emocionalmente a la hora de ver los resultados de la buena mano de Dios sobre lo que emprendo. Los que se alegran por mis triunfos son los que aman a Dios y me aman. Los que se entristecen, se incomodan, se enojan, aman muy poquito o directamente no aman nada ni a Dios ni a mí.

Los enemigos en realidad se enojan contra el dueño del instrumento. Pero como saben que nada logran con enojarse contra el Amo del Universo, se enojan a dúo, trío o a veces a coro, contra el instrumento que Él usa. Lo hacen con la esperanza de que el instrumento, al oír el fuerte grito de enojo de ellos, tire la toalla.

Por lo anterior, nunca debo bajar la guardia pensando que el bien que hago sólo va a provocar aplausos, reconocimiento, gratitud. Por la alianza estratégica que hace el mal con la inmadurez, cualquiera que sea envidioso de mis éxitos, puede sentirse impulsado a unirse con el enemigo menos pensado. Y aquel que me ve como una amenaza para sus intereses o planes puede llegar a pensar lo mismo que pensó Napoleón: "Paris bien vale una misa." El que odiaba al papa de Roma, no tuvo empacho para destruir a sus enemigos, en arrodillarse ante su "santidad."

Mi Oración

"Yo por medio de mi obediencia los uno, tú ocúpate de ellos."

Esto dicen las Escrituras

"Dime quién pelea y te diré quién peca. Al que es mal intencionado, nunca le irá bien. Yo no soporto los planes malvados. Recuerda que me aparto de los malvados pero escucho la oración de los buenos." Proverbios 17:19-20 y 15:26, 29

Mateo 2:19-23

1. Los enemigos se mueren. V.19.a.
2. En los sueños se reciben instrucciones sobre qué hacer. V.19.b.
3. Hay cosas que hay que hacer ahora mismo. V.20.
4. Al obedecer... prudencia. V.21-22. "Tuvo miedo de ir... porque."
5. Hay miedos que son respetados. V.22.

Reflexión

"Al obedecer... prudencia."

La prudencia es una de las características sobresalientes del sabio. Aunque sea Súperman huye de la kriptonita. Sabe que hay que temer a lo que anula su poder y/o puede terminar con sus "vuelos poderosos". Muchos líderes, por ser imprudentes, dificultaron el cumplimiento de su llamado.

La inmadurez asociada a la fe es lo que explica el por qué algunos líderes comen un sándwich de kriptonita con el argumento de... "Ninguna cosa mortífera puede hacerme daño." No es un héroe de la fe el que se queda sentado bajo un árbol esperando ser alimentado por un buitre mientras a diez pasos hay un río lleno de peces. Las órdenes generales, no específicas, son para poner en acción los principios bíblicos. Dios espera que el obediente maduro tenga en claro que su responsabilidad es hacer presente la forma de pensar de Jesús en las decisiones que toma.

Aunque una vez Jesús pagó los impuestos con una moneda tragada por un pez, las otras veces abonó el "peaje al templo" con los ahorros que administraba Judas. Hacer un presupuesto y respetarlo exige lo mismo que orar para que la necesidad de cinco mil hombres coman pan en el desierto: Relación de hijo obediente, sujeto, que conoce la importancia y realidad de la interdependencia. El que es dependiente, no hace nada hasta que recibe permiso. El independiente, hace y si la cosa sale mal, reclama: "¿Por qué permitiste que el hijo de Herodes, Arquelao, me arreste como a Juan el Bautista?" La irrupción permanente de lo sobrenatural en la historia por medio de mi vida no anula a la prudencia. No soy Súperman, solo un esclavo comprado por sangre muy valiosa.

La prudencia pone límites a los excesos. Muchos inmaduros sufren y hacen sufrir las consecuencias de sus malas decisiones. Por ejemplo, dan toda la semilla confiando que el dios que han creado en sus mentes, va a convertir el polvo en pochoclo, la pelusa de la billetera en billetes de cien dólares. Los bancos estimulan a la falsa fe mediante el aumento del límite de consumo de las tarjetas de crédito. Es verdad que Jehová es conocido como el Jireh (el que provee), pero Jesús no aceptó el camino fácil de orar todos los días para que las rocas se convirtieran en pan. Prefirió el largo camino de orar: "¡Dame el pan que prometiste darme hoy!"

Mi Oración

"Gracias por no desear hacer de mí un robot a control remoto. Sabes que mi inmadurez residual rechaza la interdependencia y añora la dependencia cuando toma la forma de niño o exige la independencia cuando se cree adolescente o joven con derechos. Por eso, incrementa mi madurez al nivel de Jesús."

Esto dicen las Escrituras

"Te he dicho: detente en los cruces de camino. Pregunta qué camino seguir y no te apartes de él. Sólo siguiendo el mejor camino podrás descansar. Presta atención a los mensajeros que envié para advertirte del peligro. Quiero que todo el mundo me escuche, que me hagan caso, que no rechacen mis enseñanzas." Jeremías 6:16-17 y 19.

───────── *Miqueas 4:6-13* ─────────

1. Debo aprender a comunicar utilizando comparaciones. V.6. "Mi pueblo se parece..."

2. Con pocos se puede hacer una nación grande. V.7.

3. Se puede volver a ser como antes. V.8.

4. Hay retorcijones de dolor que no tienen razón de ser. V.9.

5. Hay razones por las cuales vale la pena llorar. V.10.

6. Hay cosas que se piensan hacer y que el otro no puede entender. V.11-12.

7. Hay momentos en que hay que quitar para dar. V.13.

Reflexión

"Si vas a llorar, llora por algo
que valga la pena llorar."

Llorar es algo divino. Dios llora. Jesús varias veces lloró. Lo importante no es llorar, sino el por qué se llora. Las lágrimas son siempre reacciones a estímulos externos. El ojo llora porque el viento le introdujo una basurita. Los lagrimales sueltan líquido por el dolor que uno siente por el que duerme en un ataúd. El pañuelo seca las gotas que caen por la mejilla como fruto de la alegría de ver al nieto. Por eso, hay estímulos externos que merecen ser acompañados por lágrimas y otros que no merecen ni una sola gota de mis lágrimas.

Se llora por lo que uno valora. Derramé muchas lágrimas por lo que perdí y quería tanto. Pero también lloré por cosas y actitudes que durante muchos años anhelé recibir. Por supuesto, el tiempo me enseñó que la ausencia de lágrimas en ciertas circunstancias fueron señales claras de que no supe valorar lo que debió ser valorado. El madurar espiritual y emocionalmente me está ayudando a valorar algunas cosas que antes no. De igual modo, estoy dejando de llorar por cosas que ahora veo que no eran tan valiosas.

Como líder debo discernir qué cosas hacen que a Dios se le escapen lágrimas. Me va a seguir yendo muy bien si lloro por lo que Él llora. Voy a ir para atrás si lloro por lo que Él no valora.

Si quiero conocer los valores profundos de mis seguidores, sólo me hace falta llevar un registro por las cosas que le hacen llorar. Sus lágrimas son muy buenos detectores de lo que los afecta emocionalmente.

Como las lágrimas son mal interpretadas como señal de debilidad, muchas veces la razón ordena cerrar el "grifo" a fin de conservar la imagen de fuerte, de que lo que pasa o se dijo no tiene importancia o no afectó. Pero el peso de la realidad siempre hará que esa pesada cortina caiga por su propio peso. Reprimirse de llorar, a la corta o a la larga, enferma. Por eso, como líder debo ser ejemplo en eso de: "Si quieres llorar, llora pero asegúrate de que lo haces por algo que vale la pena."

Mi Oración

"Que mis lágrimas sean claros indicadores de que voy reaccionando como Tú, ante lo que veo y lo que pasa a mi alrededor."

Esto dicen las Escrituras

"Angústiate por lo que ves y por lo que pasa." Ezequiel 4:17.

——— Números 25:1-16 ———

1. Hay lugares donde uno recibe invitaciones que contaminan. V.1-3.a.

2. El enojo contra alguien se enciende por alguna causa. V.3.b.

3. Hay acciones que deben ser ejecutadas por la autoridad inmediata y no la superior. V.4-5.

4. Algunos no captan la gravedad de lo que pasa. V.6.

5. Se necesita ser proactivo, es decir, actuar sin esperar que alguien diga lo que hay que hacer.V.7-8.

6. Las consecuencias de las malas decisiones se pueden cuantificar en el tiempo. V.9.

7. Hay que demostrar el mismo celo que tiene Dios ante lo malo. V.10-11.

8. El celo de un líder por lo bueno, purifica al pueblo. V.12-13.

9. Uno elige cómo pasar a la historia. V.14-15.

10. Las artimañas y los engaños son agresiones. V.16-17.

Reflexión

"Actúa sin esperar que alguien
diga lo que hay que hacer."

La maldad y la rebelión contra los principios de Dios, provocan incendios. Cuando el Creador del Universo se enoja, llamas encendidas salen de su boca. Cada acción mala que cometa, es echar más combustible, más leña al fuego. La irritación de Dios aumenta a medida que aumenta el número de desobedientes entre su pueblo.

Como líder debo tener la mentalidad de un viejo bombero. Él ya sabe lo que se debe hacer cuando hay personas atrapadas en un edificio en llamas. No espera que le den instrucciones como lo haría un novato inexperto o un miedoso que sólo trabaja de bombero.

Para que un incendio deje de arder hay que cortar la fuente que lo encendió y que lo mantiene encendido. Por ello como líder hay que examinar permanentemente el estado de las instalaciones, del bosque. Una pequeña chispa puede ser el origen de un gran incendio. Lo que no se detecta y apaga a tiempo se paga caro. Prevenir es mejor que utilizar mil mangueras que escupen agua por largos días en un bosque de las montañas.

Las acciones individuales afectan a muchos. Centenares de animalitos inocentes, muchos recursos valiosos se consumen inútilmente porque un necio que encendió un cigarrillo, tiró el fósforo al suelo de un bosque.

Grandes edificios ya no sirven porque no se invirtió tiempo y dinero en crear sistemas y medidas de prevención ante incendios. Y si había sistemas, el incendió se produjo porque no había alguien a cargo de revisar si los detectores de humo, los corta corrientes, los matafuegos, etc., estaban en condiciones. La ausencia de problemas en un largo tiempo hace que uno baje la guardia y se confíe. Un viejo bombero está alerta porque sabe que en cualquier momento salta una chispa en el mejor equipo del mundo.

Mi Oración

"Que como viejo bombero apagador de incendios, nunca baje la guardia ante lo malo."

Esto dicen las Escrituras

"Aleja de mí hasta el más mínimo pensamiento de hacer el mal." Isaías 55:7.

APLAUDE A LA PERSONA CORRECTA, DE MANERA CORRECTA

Salmo 47:1-10. BPT

1. La alegría debe acompañar a las palabras. V.1. y 5-7.

2. Deben existir motivos para honrar. V.2.

3. Se debe aprender a reconocer correctamente el origen de la victoria. V.3.

4. Pertenecer tiene sus privilegios. V.4.a.

5. Poseer da orgullo. V.4.b.

6. La autoridad tiene su alcance. V.8-10.

Reflexión

"Debes aprender a reconocer correctamente el origen de tus victorias."

La victoria para algunos es como un narcótico: les hace olvidar la realidad. Un liderazgo victorioso que se autoconfiere ser el origen del triunfo, tiene sus días contados. La apropiación exclusiva de la corona, de los beneficios, de las menciones, crea resentimientos en los que aportaron lo suyo para que el éxito se hiciera presente. Eso es válido para los hombres y también para Dios.

Un líder que no reconoce que sus triunfos no son suyos, sino el triunfo de todos los que integran su equipo, está sembrando para sus futuras derrotas. Eso es así porque todo principio espiritual que no se respeta, a la corta o a la larga, trae sus consecuencias. Lo que se siembra se cosecha. Entre los varios principios que actúan como boomerang para ese líder están: El no ser humilde. El no ser agradecido. El no ser generoso. El no hacer con el otro lo que a uno le gusta que hagan con uno. Es imposible que le siga yendo bien a un líder que quiebra simultáneamente con tantos principios divinos. Compartir los aplausos siempre trae sus beneficios para mi liderazgo.

Hay un orden correcto en el cual debo proceder a reconocer a los que contribuyeron a la victoria. El equivocarse en ese orden de importancia, a algunos les quita la alegría. Primero, siempre debe aplaudirse a Dios el origen de toda clase de victorias. Luego, debe ir el último de la lista desde la perspectiva humana. Ese protagonista oculto, debe tener ese momento de gloria que nadie se lo concede. Cada vez que lo hago pongo en acción el principio espiritual que dice que "los que son últimos serán primeros."

Para todos aquellos que el sistema o la gente consideran que son realmente grandes porque su aporte ha sido fundamental para alcanzar el éxito, deben ser los últimos en ser reconocidos. Eso tiene el gran beneficio de probarlos en su carácter. Nada daña más a un líder que el ser aplaudido en público en forma recurrente y exclusiva. El saber que uno se merece el primer asiento, es veneno que mata de a poco a un líder.

Por todo lo anterior, debo aprender no sólo a reconocer el origen de las victorias, sino también en cómo y a quién redirigir los aplausos que la gente me ofrenda.

Mi Oración

"Aumenta mi humildad a la hora de recibir aplausos de parte de la gente."

Esto dicen las Escrituras

"Aunque soy tranquilo como agua de estanque, no me desprecies." Isaías 8:6. BPT.

1 Crónicas 20:1-8

1. Hay épocas apropiadas para cada cosa, por ejemplo, para salir a guerrear. V.1.a.

2. Mientras algunos generales guerrean, hay reyes que se quedan en la capital. V.1.b.

3. Hay coronas que son pesadas. V.2.a.

4. Hay coronas cuyo destino final es adornar la corona de otros. V.2.b.

5. El que conquista se lleva gran parte de la riqueza de lo que conquista. V.2.c.

6. El tiempo hace olvidar lo que uno era en el pasado. V.3.

7. A una batalla le sigue otra. V.4-5.

8. Los gigantes también caen. V.4.b. y 6-8.

9. Las armas pueden ser enormes, pero a veces de nada sirven. V.5.

Reflexión

"Que el tiempo no te haga olvidar
lo que eras en el pasado."

Hay recuerdos que duelen y por ello uno los sepulta en la memoria, los elimina de las conversaciones. A nadie le gusta revolver las heridas que el tiempo deja en la vida. Es un mecanismo de defensa que se activa para defender nuestra salud mental. Y eso es bueno.

Sin embargo, hay olvidos que producen dolor en el prójimo. El indigente que se vuelve rico, suele volverse tacaño y cruel con sus empleados. Todos temen al piojo resucitado. Un ex esclavo solía ser el peor amo. Hoy existen empleados venidos a dueños de empresas que son abusivos. Es decir que la injusticia suele tener como padre al olvido de lo que uno fue en el pasado.

Como forjador de discípulos de Jesús debo incrementar mi capacidad de perdonar, de ayudar, de compartir, de aplicar paciencia, misericordia, de compartir recursos y honores, etc., haciendo un esfuerzo en recordar quién era, qué hacía, cómo hacía lo que hacía cuando no era lo que hoy soy. Mi humildad crece proporcionalmente a la cantidad de veces que recuerdo a la "cantera" de donde fui sacado. Mi orgullo se fortalece gracias al olvido de mis humildes comienzos. Mi gratitud aumenta cada vez que vuelve a mi memoria el nombre de los que me abrieron puertas. Mi nivel de egoísmo se eleva a medida que disminuye mi agradecimiento a los que sembraron en mi vida.

Para que en el futuro el olvido no me duela ni en el presente haga doler a mis prójimos, Dios utiliza varias formas para ayudarme. Una de ellas es recordarme que soy un esclavo que ha sido comprado por un alto precio. Fui liberado para hacerme voluntariamente esclavo de aquel que dio su vida por mí. Sigo siendo esclavo ahora, lo soy del Amo que murió en la cruz para liberarme del malvado que abusaba de mi ser. Los que se olvidan de esta realidad del pasado sufren mucho. Acostumbrarse a la gracia lleva a menospreciarla. Y eso es una tragedia.

Mi Oración

"Colabora con mis esfuerzos en no olvidarme de dónde vengo, qué era, que hacía. Hazme creativo a la hora de honrar a los que me abrieron camino. Que los recuerdos incrementen mi capacidad de acompañar los procesos de crecimiento."

Esto dicen las Escrituras

"Toma en cuenta mis grandes hechos. Ten presente mi gran amor." Salmo 106:7.

───── *1 Tesalonicenses 1:2-10* ─────

1. Dar gracias y pedir que Dios ayude a quien amamos. V.2.a.
2. Hay que saber bien lo que otros hacen para el Reino. V.2.b.
3. Hay que demostrar la confianza y el amor ´por Dios. V.3.a.
4. Aunque se sufra hay que mantenerse firmes. V.3.b.
5. Dios me ha elegido para ser parte de su pueblo. V.4.
6. Lo que somos da de qué hablar a la gente que nos conoce. V.8.b-10.

Reflexión

"Lo que eres está dando de qué hablar a la gente que te conoce"

Es verdad que mucha gente habla por hablar. Como el aire es gratis hablan de lo que ignoran, repiten lo que escuchan sin verificar si ello es verdad o no. Por ello, un líder maduro tiene la capacidad de hacerse el sordo ante algunas palabras que se vierten sobre su vida, familia, ministerio, etc. El inmaduro, lo toma como una de las tantas batallas a enfrentar. De esa forma, el propósito central de su vida se ve afectado por las inversiones emocionales que demandan el luchar contra el "hablar mal" de la gente que no lo quiere. Ante el chisme, casi siempre es bueno desenchufar el oído.

Sin embargo, el líder exitoso no puede impedir, por más que su humildad y pudor se lo demanden, que la gente que lo conoce bien, hable maravillas sobre su persona y obra. La ley de la siembra y la cosecha es imparable. Si hago el bien sin mirar a quién, siempre voy a cosechar (pocos o muchos) que me amen. Y ya se sabe que el que ama siempre habla bondades del que ama. Es decir, que lo que hago a escondidas o en público impulsado por el amor, genera a mi pesar, una "cola de cometa" que no puedo impedir que corra por el firmamento de mi red de relaciones.

El secreto de mi buena fama está en que haya consistencia entre lo que digo y hago en obediencia a lo que se halla en la Biblia. Si Dios habla bien de mí, es inevitable que algunos que tienen la mente de Cristo, también lo hagan en el círculo de sus vidas diarias. Por ello no debo afanarme por lograr sponsor para que me hagan marketing. Vasta que ame con el amor de Dios a los que son mi prójimo. Dios dijo que lo oculto saldrá a la luz. Eso vale tanto para lo malo como para lo bueno que se hace en secreto. Por más esfuerzos que haga para que "no sepa mi derecha lo que hace mi izquierda," el Dios que se siente honrado siempre va a honrar al que lo honra.

Al igual que el chisme que, una vez puesto a rodar uno no sabe a dónde va a parar, voy a morir ignorando hasta dónde llegó mi buena fama. Lo que sí es seguro, es que Satanás en algún momento va a escuchar de labios diversos lo que Dios y la gente dice de bueno sobre mí. Y eso le va a provocar bronca, y ello, a mí me da mucha alegría.

Mi Oración

"Que hasta el final de mis días la gente que me conoce hable bien de Ti por lo que soy, digo, hago o callo. Que nadie hable mal de vos por causa mía."

Esto dicen las Escrituras

"Yo sé que en el cielo tengo un testigo a mi favor. Allí sin duda, está mi abogado. Dios me defiende como quien defiende a un amigo." Job 16:19 y 21.

1 Timoteo 6:11-20

1. Por estar al servicio de Dios hay que alejarse de todo lo malo. V.11.a.

2. Hay que tratar siempre de obedecer a Dios y ser un buen discípulo de Jesucristo. V.11.b.

3. Dos cosas: no dejar de confiar en Jesús y amar a todos los hermanos de la iglesia. V.11.c.

Reflexión

"A tus dificultades enfréntalas con paciencia y amabilidad hacia los demás."

Las dificultades son peligrosas porque desestabilizan al que las afronta. Son como vientos fortísimos sobre un pequeño bote. Hasta un viejo monje budista comienza a sentirse intranquilo cuando, como consecuencia de las altas olas, una anguila se le mete en la boca, las tablas del fondo crujen, tiene los pies bajo treinta centímetros de agua y se acaba de partir en pedazos el poste con la vela. La paciencia tiene un límite. La amabilidad hacia los que acompañan en la noche oscura llena de relámpagos, también.

Los líderes que trabajan previamente para elevar su nivel de "aguante" ante las dificultades, son muy buenos para dar tranquilidad a los que la van perdiendo por causa de que todo se ha puesto "negro, oscuro." La tranquilidad es transferible. La desesperación es contagiosa. Un líder que sabe enfrentar apropiadamente las turbulencias de la vida, es como el aceite derramado en el agua agitada: calma.

Toda persona sujeta a dificultades se ve afectada en sus emociones. Como consecuencia, algunos marineros que ven que el bote se les hunde, se tiran de los cabellos. Otros aprovechan que están todos mojados para orinarse encima. Y aunque el religioso budista esté sonriente, sus hemorroides están a punto de sangrar de tanta represión emocional a la cual el cuerpo se ve sometido. Y por supuesto, el viejo pescador, aunque en su interior tiene ganas de tirar a sus compañeros por la borda, sabe que la hora oscura exige no dejar de ser amable con nadie. La pérdida de amabilidad con los que son parte del equipo, cuando las dificultades se vienen encima, es como echarle nafta de avión a un incendio.

Como experimentado combatiente de dificultades he comprobado que el mejor recurso para no perder la paciencia en medio de las dificultades, es decirle al que tiene poder para calmar las aguas: "¡Dame una mano porque estoy a punto de perder la paciencia!" Pero mucho mejor es cuando las aguas están en calma: "¡Dame tu paciencia para que cuando vengan los tsunamis pueda ser de ayuda a los que en ese momento estén a mi lado!"

Si la amabilidad es la cualidad de amable y este adjetivo se refiere a aquel o aquello que es afable, afectuoso o digno de ser amado, ello quiere decir que la amabilidad es la acción amable. Por lo tanto como líder en dificultades, más que nunca debo hacer acciones en ese tiempo que demuestren que amo a los que me acompañan. Estar en dificultades no me da derechos, sino que aumenta mis responsabilidades ante los que me siguen.

Mi Oración

"Dame la capacidad de Jesús de saber dormir tranquilamente mientras mi bote es zarandeado."

Esto dicen las Escrituras

"Yo te fuerzo a caminar por caminos oscuros. Pero recuerda que cada mañana se renuevan mi gran amor y fidelidad. Por lo tanto, espero que digas: En Ti confío, eres bondadoso, espero con paciencia que vengas a salvarme. Y como lo he hecho desde mi juventud, sigo esperando con paciencia que vengas a salvarme." Lamentaciones 3:2, 23-27.

2 Crónicas 7:1-10

1. Hay oraciones que son seguidas por señales de que la presencia misma de Dios se hace palpable. V.1.

2. Hay momentos en que Dios no deja entrar a nadie. V.2.

3. Dios es bueno y nunca deja de amarme. V.3.

4. Hay acontecimientos que exigen ser celebrados haciendo grandes inversiones. V.4-5.

4. Para proclamar "Dios nunca deja de amarme" debo utilizar todo lo que tenga a mano. V.6.

5. Hay que ser flexible ante lo que acontece. V.7.

6. Mejor dos que uno. V.8-9.

7. El objetivo debe ser que el pueblo se vuelva muy contento a sus casas por ver, de manera visible, la bondad de Dios. V.10.

Reflexión

"Sé flexible ante lo que acontece."

Los movimientos y procesos exigen capacidad de adaptabilidad. Los eventos solo demandan respeto a lo establecido en el manual de procedimientos. Y como Dios nunca ejecuta un evento si no es dentro de un proceso, me entrena permanentemente en eso de ser flexible. Lo hace por medio de los excesos o la falta de recursos. También utiliza los imprevistos o lo que entra en la categoría de que lo que "era imposible que ocurriera," ocurra.

La rigidez elimina paulatinamente el deseo de sugerir mejoras, genera decisiones que impide llegar en tiempo y forma a suplir necesidades. Miles de corderitos ofrendados se hubieran podrido si el único lugar para presentarlos hubiera sido el altar de bronce. Por lo contrario, la flexibilidad incrementa la creatividad, los "caminos o lugares alternativos" para lograr los resultados deseados.

Las normas deben existir y ser respetadas pues son los marcos en los cuales uno puede y debe moverse. Están para servir de orientadores a las personas que participan del proceso. Son un medio que nunca deben convertirse en un fin. Son como los corsés: Existen para poder "caminar derecho." Pero cuando ellos atan de pie y mano, son "chalecos de fuerza."

La flexibilidad es la llave para crecer en alegría, humildad, gratitud. Alegría porque "le pudimos encontrar la vuelta" a lo que parecía difícil. Humildad porque obliga a aceptar que siempre "hay algo que no podemos manejar de la manera en que siempre nos hemos acostumbrados a hacerlo." Y gratitud porque el Dios bueno siempre cumple su promesa en eso de "Clama a mí y yo te responderé."

Mi Oración

"Sigue incrementando mi capacidad de ser flexible en medio de los eventos que son parte de tus procesos."

Esto dicen las Escrituras

"No te quedes confundido por lo que ves hasta el grado de enfermarte. No te quedes tan preocupado por todo lo que ves. Yo soy el Dios que hago grandes maravillas en el cielo y en la tierra." Daniel 7: 15, 28 y 6:28.

Amós 7:1-9

1. Dios permite ver ciertas cosas. V.1, 4, 7.

2. Hay desgracias que tienen su origen en una orden directa de parte de Dios. V.2-3.

3. Hay expresiones que mueven a misericordia. V.2, 5.

4. Hay que usar instrumentos para medir desviaciones a la hora de construir. V.7-8.

5. Hay un límite para el perdón de aquel que insiste en seguir pecando. V.8.b.

6. Dios puede llegar a declarar la guerra contra alguien que no le obedece. V.9.

Reflexión

"En cada cosa que construyas, debes usar instrumentos para detectar desviaciones."

Avanzar en la construcción sin ir evaluando la posibilidad de que se hayan producido desviaciones de lo planificado o de lo que debe ser, es un peligro. Muchos esfuerzos de todo tipo se han desperdiciado por no haber usado instrumentos apropiados para detectar las desviaciones a tiempo. El ejemplo claro es la falta de plomada en el tiempo de levantar un muro. Si la pared está torcida a los dos metros de altura, cuando se llegue a los tres o cuatro, va a tener que ser demolida.

Las emociones o urgencias de comenzar a construir anulan la responsabilidad de invertir tiempo en prever qué instrumentos van a ser utilizados para impedir que desviaciones de cualquier tipo se hagan presentes en las diferentes etapas del proceso constructivo. El equipo que diseña y construye algo es quien debe establecer los momentos en que se deben utilizar diferentes instrumentos para sacar a luz, micro desviaciones que pueden llegar a afectar gravemente las etapas finales del proceso. Otra vez, el ejemplo es una pequeña falla en los cimientos en una torre de treinta pisos de altura.

A cada etapa y tarea deben ser asignados recursos para que no se avance sin resolver las desviaciones que se lleguen a detectar. Es peligroso el creer que a la hora de hacer realidad un sueño o proyecto, es verdad eso que dicen: "Ojos que no ven, corazón que no siente." En el mundo de los negocios, lo que no ve el ojo del dueño, lo siente la billetera de ese mismo dueño.

Hay varios motivos por los cuales los constructores de sueños divinos no utilizan instrumentos para detectar las desviaciones que pueden llegar a producirse. Todas y cada una de ellas se convierten en las excusas que se pronuncian a la hora de explicar el por qué no se previó antes la posibilidad de esas fallas. Pero aunque puedan ser aceptadas esas excusas, el responsable del operativo constructivo, va a ser afectado en su credibilidad. Por ello es muy bueno el recordar que: "Más vale prevenir que curar." Cinco minutos invertidos en el uso de una plomada de albañil puede llegar a ahorrar mucho dolor de cabeza al capataz que es responsable de levantar un muro alto.

Mi Oración

"Incrementa mi capacidad de utilizar apropiadamente instrumentos para detectar desviaciones de cualquier tipo."

Esto dicen las Escrituras

"Las mentiras no hacen ningún bien al pueblo. Al contrario, lo conducen al error." Jeremías 23:32.

Colosenses 4:7-18

1. Hay que contar con fieles seguidores de Cristo que sean al mismo tiempo compañeros. V.7.a.

2. Los que deben contar todo lo que tiene que ver conmigo, son aquellos que siempre me han ayudado y con los cuales he servido al Señor. V.7.b.

3. Cuando no pueda yo en persona dar ánimo, debo enviar a otro. V.8.

4. Siempre que se pueda, hay que enviar acompañado. V.9.a.

5. Hay que contar lo que "pasa por aquí." V.9.b.

6. Hay que ser retransmisor de saludos. V.10-11.a.

Reflexión

"Debes ser un retransmisor."

El liderar consiste en influenciar eficiente y eficazmente, con los recursos y posibilidades que se disponen, a la mayor cantidad de personas posibles. De allí la importancia de aprender a hacer mucho con poco.

El tiempo y el espacio siempre van a limitar lo que yo puedo hacer en persona. La única forma de cumplir el deseo de que vaya "hasta lo último de la tierra" es logrando una red de relaciones de amigos que me reemplacen. Y ello solo es posible si previamente yo adquirí la habilidad de retransmitir lo que alguien, a su vez, dijo o hizo conmigo. Por eso, en última instancia, mis palabras y acciones que me hacen exitoso, son en realidad el fruto de una gran cadena de retransmisores que comenzó con Jesús. Él a su vez sólo dijo e hizo lo que el Padre le dijo que dijera o hiciera.

La función de conector es tan importante como la del emisor. Los bomberos y ambulancias, siempre llegan tarde cuando fallan los mecanismos de retransmitir el pedido de ayuda. Un emisor sin alguien que retransmita lo que se dice, no sirve. Generales como San Martín, Napoleón Bonaparte, no hubieran ganado batallas si no hubiera existido una red de retransmisores que se llamaron de diferentes formas: Chasquis, correos, mensajeros, heraldos, emisarios, etc.

El orgullo, el ser autosuficiente, anula la capacidad de valorar el acto de ser un retransmisor. Dios valora muchísimo lo que hacen los retransmisores de su Reino. Lo que parece un acto intrascendente se convierte a los ojos de Dios, en un acto de servicio personal al Rey de Reyes. Por ello, Jesús utilizó el hecho de ayudar, de dar un pedazo de pan al desconocido, para ilustrar la importancia que tiene el ser un canal anónimo que transmite lo que se debe transmitir. El pan que doy, se lo doy a Jesús. Si digo lo que Él quiere decir, me hace acreedor al título: Colaborador de Dios, Embajador del cielo.

Mi Oración

"Sigue incrementando hasta mi último suspiro la capacidad de multiplicar los retransmisores de todo lo que dices y haces. Dame la alegría de saber que algunos de ellos llegan a los lugares donde nunca soñé poder pisar."

Esto dicen las Escrituras

"Ya he enviado un mensajero para que anuncie entre las naciones." Jeremías 49:14.

Filemón 1:1-6

1. A los seguidores hay que verlos como queridos compañeros de trabajo. V.1.a.

2. Los que están muy cerca de mis afectos deben saber bien lo que me pasa. V.1.b.

3. Hay que saludar a los más que se pueda. V.1.c.-2.

4. Hay que escuchar lo que la gente dice de alguien. V.5. "Me han dicho..."

Reflexión

"Escucha lo que la gente dice de algunos de tus discípulos."

En una sociedad centrada en lo visual, se ha ido perdiendo la habilidad de oír. El ritmo acelerado que impone el vivir en una ciudad, disminuye progresivamente la necesidad de invertir tiempo en escuchar. Como resultado de ello, la soledad, los malos entendidos, la sensación de que "nadie se interesa por mí," el sentimiento (real o ficticio) de ser "ninguneado," etc., se instala en la mente de algunos. Y ese dolor afecta el nivel de las relaciones: el no escuchado, como se siente ignorado, se retira poco a poco; aunque durante ocho horas esté sentado al lado del que no le presta el oído. Mi liderazgo crece a medida que escucho con amor a la gente.

A pesar de que es verdad, por el tema de la mayordomía del tiempo y el autopreservarse, de que no hay que prestar el oído a cualquiera, mi responsabilidad por ser persona de influencia, es tener las antenas bien paradas. Siempre correré grandes riesgos si no presto la atención debida a lo que la gente dice de algunos o todos mis discípulos. A su vez, si escucho elogios sinceros de ellos, eso renueva las fuerzas cansadas ante el continuo estar con los seguidores. Nada alienta más que el oír: "De tal palo tal astilla." "¡Qué bien que anda tu hijo/a espiritual!"

• Si no escucho, me puedo comer sapos de diferentes tamaños y formas: mentiras, orgullo disfrazado de humildad, afán de poder escondido detrás de un servicio apasionado, etc.

- Si no escucho, no recibo la confirmación de que voy por buen camino en eso de transferir lo que soy a otros. No todo el crédito es de Dios. Hay una parte, por el principio divino de la interdependencia que hace que el Todopoderoso diga: "¡Bien esclavo fiel, estás haciendo un buen trabajo!"

- Si no escucho, me pierdo la oportunidad de reforzar eso de que el que siembra cosecha. A medida de que la ciencia avanza, se suman años a mi vida. Y eso implica que aún hay mucho camino a recorrer en eso de invertir en nuevas generaciones de discípulos. Por ello, el echar una mirada atrás para alegrarse por los éxitos cosechados, renueva el compromiso de seguir sembrando vida en otros.

- Tengo que identificar el origen de lo que escucho. El valor de un dicho depende a veces quién dice qué cosas de quién. Me va a ir bien si chequeo el origen de lo que se dice.

- Si no hago caso al ruido del agua del río, me pueden golpear los palos que arrastra. Una cosa es confiar en las personas y otra es ser un crédulo que compra buzones de las esquinas.

Mi Oración

"Que los ángeles y lo que digan mis compañeros de trabajo, sólo alegren tus emociones."

Esto dicen las Escrituras

"Cuando te llamen, no des la espalda." Salmo 102:2.

Gálatas 2:1-14

1. **El paso del tiempo suele ser largo cuando existen procesos. V.1.a. "14 años."**

2. Hay ocasiones y reuniones a las que conviene ir acompañado. V.1.b.

3. Hay cosas que se deben hablar a solas con los líderes que son reconocidos. V.2.a.

4. Hay que estar seguro de que el trabajo del pasado y del presente no ha resultado un esfuerzo inútil. V.2.b.

5. Algunos se meten a escondidas en el grupo para espiar. V.3-4.

6. Hay falsos seguidores de Jesucristo que quieren quitar la libertad que Él da. V.4.b.

Reflexión

"En los procesos divinos, el paso del tiempo suele ser largo."

Dios trabaja desde la eternidad para la eternidad. El paso del tiempo para el Creador del Universo es diferente al mío. Un día para Él es como mil años, mil años es un suspiro. Sin embargo, para el que se crió comiendo hamburguesas en fast food, corriendo para tomar el colectivo, pegando codazos para no llegar tarde a la ventanilla del banco, el tiempo siempre es poco y corto. Nada nos choca más que ver que las velitas de la torta cada vez son menos aunque los años son más. Es un gran golpe llegar a los primeros cincuenta años y sentir que ayer estábamos haciendo caballito en las rodillas del papi.

La vida es un proceso donde miles de eventos se van encadenando para hacer lo que hoy soy. Una pila de hojas de almanaques está acompañando al mono encargado de dar martillazos a la campana del reloj. El mono que pinta canas es quien me ayuda a recordar que algunas cosas tardaron muchos años en hacerse realidad. Y que a otras quizás sus ojos cansados no las verán. Es que Dios no se apresura ni se atrasa en el cumplimiento de cada etapa del proceso que ha diseñado para que los que lo aman, pasen por la vida con un propósito.

Siempre va a haber problemas cuando uno se resiste a esperar que Dios levante las barreras que impiden avanzar en sus procesos. Los que desean ser más rápidos que Dios suelen ser atropellados por el tren de la vida. Y de igual forma, quedarse parado cuando hay que avanzar, suele ser el origen de que alguien, en medio de la autopista, nos choque de atrás y nos deje arrugado como bandoneón.

El paso del tiempo en los procesos es certificado de calidad. El vino añejo de calidad se valora muchísimo. No se cotiza en el mercado del arte lo mismo un cuadro que recién ha sido pintado, que otro que ha sido pintado por Leonardo da Vinci. El paso del tiempo acrecienta el valor de un líder espiritual y maduro. Solo el tiempo del paso cuenta en contra, cuando los valores se pierden y, al igual que el vino, que una vez fue muy bueno, se convierte en vinagre inservible.

Mi Oración

"Cada vez me siento más tranquilo en eso de aprender a andar al paso que Tú has determinado para las etapas que me faltan transitar. Pero gracias por el mono relojero que con sus campanas me recuerda que ya falta una hora menos para que me encuentre contigo."

Esto dicen las Escrituras

"Muy pronto se cumplirá todo lo que he dicho." Ezequiel 33:33.

Habacuc 3:1-19

1. Hay oraciones que son para ser acompañadas con melodías especiales. V.1.

2. Yo sé bien todo lo Dios ha hecho. V.2.a.

3. Debo desear ver en mis días los grandes hechos que Dios hizo en otros tiempos. V.2.b.

4. Si uno se enoja, no hay que dejar de tener compasión. V.2.c.

5. La grandeza de Dios ilumina. V.3.

6. Hay cosas de la naturaleza que dejan ver el poder de Dios escondido. V.4.

7. Hay dolor que anuncia la llegada de Dios. V.5.

8. Hay razones por las cuales Dios se monta en su carro de combate. V.6-8.

9. El enojo de Dios aplasta naciones. V.9-12.

10. Dios mata con las propias flechas del que ataca a su pueblo. V.13-14.

11. Hay cosas que uno escucha que afectan a todo el cuerpo. V15-16.

Reflexión

"Hay cosas que escuchas que afectan a todo tu cuerpo."

El ser humano es una unidad. Cuando una parte de su ser es conmovida, todo el resto sufre las consecuencias. Una enfermedad afecta a lo emocional. Lo emocional toca lo espiritual. Y a la inversa también sucede. La fortaleza espiritual refuerza el equilibrio emocional. Emociones controladas permiten que la salud física no disminuya.

Por todo lo anterior, es de vital importancia que yo tome conciencia de que lo que escucho afecta a mi cuerpo. Mi cuerpo acusa recibo tanto de lo bueno como de lo malo que entra por mis oídos. Hay personas que se murieron al escuchar que se ganaron la lotería. Otras, por lo contrario, como dice la Biblia, se desnucaron al oír lo que otros les decían.

Ahora bien, si me pongo tapones en los oídos, eso no impide que los otros sentidos sean canales que capten lo que el sistema auditivo no puede oír. De una forma u otra, el enemigo se las arregla para que la ausencia de palabras sean reemplazadas por otras maneras de lograr el mismo efecto: desequilibrar mi existencia. Si me pongo tapones en los oídos, él usa picanas eléctricas para hacerme temblar y gritar.

Hay mensajes que fueron y serán como picanas eléctricas al cuerpo. Para que la picana no me produzca dolor debo quitarle su poder. Lo que le confiere poder a la picana es su conexión a la electricidad. Por eso debo entrenarme para quitarle el poder que tiene el escuchar que lo que me temía ha venido a acompañarme por un tiempo. Lo malo deja de dañarme cuando lo convierto en un motivo de agradecimiento a Dios. El aguijón me duele menos cuando tomo conciencia de que es algo pasajero. La serpiente ya no me da miedo al recordar que tiene la cabeza aplastada. Ya no tiemblo si veo que el poder que me ha conferido Dios, vuelve a ser efectivo hoy tal como lo fue ayer.

Mi Oración

"Dame sabiduría y revelación para ver cómo lo que oigo afecta todo mi ser."

Esto dicen las Escrituras

"Mis promesas te dan esperanza. ¡No te olvides de ellas! Yo soy bueno y hago el bien. Voy a darte ánimo con mi amor. Si entiendes mis enseñanzas, no vas a pasar vergüenza." Salmos 119:49, 68 y 80.

Hechos 16:1-5

1. Hay que seguir viaje. V.1.a.

2. Hay que hallar a seguidores de Jesús. V.1.b.

3. Los compañeros de viaje que escoja tienen que tener cosas en común conmigo. V.1.c.

4. Lo que importa es que se hable muy bien de alguien. V.2.

5. Hay que diseñar medidas que amortigüen los cuestionamientos. V.3.

Reflexión

"Los compañeros de viaje que escoja tienen que tener cosas en común conmigo."

Ningún viaje resulta placentero o al menos llevadero, si uno va en el mismo bote como "gato y perro" que no se quieren. La esencia debe ser la misma aunque la forma sea, como sucede con los perfumes, diferentes. Lamentablemente, como damos suprema importancia al "hacer" y descuidamos el "ser," por lo general, los líderes buscan seguidores que hagan las cosas a "su" manera. Y eso es un peligro a mediano y largo plazo. Siempre llega el día en donde la verdadera naturaleza escondida detrás de una forma "políticamente correcta" de hacer las cosas, se manifiesta. En ese triste día se descubre que en realidad éramos "agua y aceite."

Nada me une más a una persona que el compartir las mismas experiencias. De allí la importancia de identificar los puntos en común que permiten sentir emocionalmente que somos "del mismo palo."

Como líder estoy expuesto a creer lo que la cultura posmoderna afirma de manera excluyente: que la diversidad es un valor que hay que respetar siempre. Pero por otro lado la comodidad de trabajar con el que piensa como yo, me induce a escoger a quienes son de mi grupo homogéneo, que se sienten cómodos en hacer lo que yo hago. Ahora bien, cualquiera sabe que todos los extremos son malos. Por eso, a la hora de escoger quiénes serán los que deben acompañarme en los diferentes viajes que emprenda, siempre será bueno el imitar a Pablo. Me va a ir siempre bien si me esfuerzo en hallar a los que tiene cosas en común, que faciliten, como equipo, el ser de una misma forma de pensar.

Uno de los secretos del crecimiento numérico, del avance en la ejecución de una visión se halla en la unidad del pensamiento. De allí la insistencia divina de que debo ser uno con mis autoridades y seguidores. Ningún reino o equipo dividido en los valores va a poder permanecer mucho tiempo.

Hablar un mismo idioma no es suficiente. Los robots traductores, lo hacen. Lo que es fundamental en un equipo de visión grande, es el compartir los valores, el disfrutar de hallar el compañero correcto, que es del "mismo palo," no el hacer lo mismo. Siempre me conviene formar equipo con personas que sepan moverse en diferentes culturas. Para objetivos globales siempre hace falta gente que tenga mentalidad global.

Mi Oración

"Gracias por conducirme en el proceso de hallar compañeros de trabajo que piensan como Tú. Soy feliz de estar con ellos porque somos del mismo palo."

Esto dicen las Escrituras

"Obedece siempre todo lo que yo te ordene. Cómete mi libro, llena tu estomago con él." Ezequiel 2:8 y 3:1.

Isaías 60:1-12

1. Estar llenos de esplendor es consecuencia de que la Gloria de Dios brilla sobre uno. V.1.

2. En la noche oscura brilla la luz de Dios. V.2-3.

3. Para ver lo que sucede, hay que levantar los ojos y mirar. V.4.

4. Hay eventos y cosas que lo llenan a uno de gozo y alegría. V.5.

5. Hay algo que espera Dios cuando viene mucha gente: "Que alaben sus grandes hechos." V.6.

6. Hay cosas destinadas para uno y otras destinadas para ser ofrendas agradables a Dios. V.7.

7. Si se está recibiendo, no hay que cerrar los portones. V.11.

Reflexión

"Si estás recibiendo, no cierres los portones."

Los tiempos de estrechez son muy buenos para aprender importantísimas lecciones, pero también traen consigo efectos colaterales negativos para la vida. Uno de ellos es el acostumbramiento a lo poco, a lo justo. La estrechez que dura logra que una persona se adapte a lo "mínimo vital y móvil." Y la verdad es que siempre hay oportunidades para hacer un agujero más al cinto cuando uno adelgaza. Es lo inverso que le sucede al que no para de comer. A él, también le pasa lo mismo. El que mucho tiene, nunca dice "basta." Siempre quiere más. Nunca se contenta. Más tiene, más quiere.

Cuando en los procesos divinos la estrechez es reemplazada por la abundancia, cuando los tiempos de siembras prolongadas dan lugar a periodos de cosechas, el que vivió en estrechez puede cometer el pecado de cerrar los portones de la abundancia. Rechaza lo que Dios está dando. Quiere cerrar la mano generosa del Dador de todos los bienes. Y como sabemos, ese intento es pura tontería. Cuando Dios decide hacer visible su amor, su ternura, su contentamiento con alguien que le sirve, nadie puede impedir su obrar.

Lo anterior debe llevar a todo líder a vivir preparado para aprovechar, cuando los resultados de tanta siembra dan paso a la cosecha; cuando el tanto dar desinteresado es reemplazado por el recibir; cuando la generosidad catalogada por algunos como excéntrica, desmesurada, da a luz a la prosperidad prometida por el Dios que no miente.

No se trata de imitar al pueblo de Israel en Egipto a la hora de juntar el maná celestial. Se trata de recibir para dar, de tener para distribuir, de disponer para disfrutar con los que estuvieron al lado en los tiempos de estrechez, con los "loquitos" que acompañaron cuando todo era solo un sueño, un proyecto, un humilde comienzo de lo que luego fue grande. Acumular en soledad, comer hasta que hace mal, es la mejor forma de cerrar uno mismo los portones que Dios decidió abrir como resultado de la fidelidad en el servicio.

Nadie puede ganar a Dios a la hora de recompensar el compromiso, la lealtad, el respeto a los principios espirituales de su Reino. Lo inverso también vale: Nadie puede abrir las trancas poderosas que Él pone cuando decide cerrar los portones de sus bendiciones al que no supo convivir con la prosperidad después de haber vivido mucho tiempo en la estrechez.

Mi Oración

"Aumenta mi sabiduría y revelación para vivir sabiamente, como a ti te gusta, tanto en los tiempos de estrechez como de abundancia."

Esto dicen las Escrituras

"Ven a gozar de mi banquete. Deja las tonterías y actúa con inteligencia. Si eres sabio, tú eres quien sale ganando. Yo calmo el hambre de la gente buena." Proverbios 9:5-6 y 12. 10:3.

Jeremías 31:15-22

1. Hay pérdidas para las cuales no se quiere recibir consuelo. V.15.

2. Si uno no para de llorar, el peligro de no secarse las lágrimas es que se pierde la esperanza. V.16.

3. Hay que reafirmar que el sufrimiento personal será recompensado. V.17.

4. Dios ha escuchado el llorar amargo, el reclamo personal que se le hace. V.18.a.

5. "Eres un toro salvaje que pudo ser domado." V.18.b.

6. Obedecer es equivalente a ser domado por Dios. V.18.c.

7. La vergüenza causa heridas. V.19.

8. "Tú eres mi preferido y a nadie quiero más que a ti." V.20.a.

9. "Yo pienso siempre en ti." V.20.b.

10. "Te amo con todo mi corazón." V.20.c.

Reflexión

"Debes aprender a hablar a los que obedeciendo a Dios se sienten heridos."

La imagen de un "toro salvaje" que ha sido domado es excelente para ilustrar lo que es un discípulo de Jesucristo. El que antes andaba por dónde y cómo quería, ahora voluntariamente ha decidido aceptar el yugo y andar sólo por donde su Amo quiere. El problema es que por andar donde Él quiere, a veces le causa heridas profundas al "toro dócil." Y allí es donde es necesario ser inteligente a la hora de ser instrumento de ayuda para que el "toro manso" no siga siendo un reprochador serial lleno de amargura. Si yerro en el "cómo" y en el "qué" decirle, corro el riesgo que el "toro humilde" decida romper el yugo y volver a convertirse en un toro salvaje de las praderas.

Hay palabras que universalmente calman cualquier emoción desbordada. Ellas son:

- "Tú eres mi preferido y a nadie quiero más que a ti."
- "Yo pienso siempre en ti."
- "Te amo con todo mi corazón."
- "Te tengo un gran cariño."

Es que poner al que sufre en condiciones de saber que ocupa el primer lugar en mi vida, comienza a anular la fuerza que tiene el sentir que "a nadie le importa lo que me pasa."

Poner al que sufre en condiciones de saber que lo tengo presente de manera continua, comienza a anular la fuerza que tiene el sentir que "me han olvidado."

Poner al que sufre en condiciones de saber que es amado con ternura, comienza a anular la fuerza que tiene el sentir que "nadie me demuestra que me quiere."

De allí la importancia de ser idóneo en decir y hacer cosas que demuestren al que sufre que le tengo gran cariño. Las palabras deben siempre ser acompañadas por hechos concretos.

Si no calmo al toro manso herido de manera apropiada, no sólo va a romper los cercos, sino que va a correr por la vida hiriendo y destrozando a cualquiera que se le cruce en el camino. O sea que mi trabajo se va a ver aumentado. Y eso nunca conviene.

Mi Oración

"Gracias por los instrumentos que has puesto en mi camino para ayudarme cuando, como toro salvaje en proceso de amansamiento, gritaba de dolor."

Esto dicen las Escrituras

"Recuerda que hay un mentiroso y malvado que miente acerca de mí. Tanto odio me tiene que me ataca sin razón. Habla mal de mí a pesar de que lo amo. Me odia, me trata mal, a pesar de que lo amo y lo trato bien." Salmo 109:2-4.

Josué 1:1-9

1. Hay muertes que dan paso a un nuevo liderazgo. V.1.
2. Hay momentos en que se oye: "Ahora te toca a ti guiar." V.2.a.
3. Hay que cruzar con todos. V.2.b.
4. Hay que ser claro en el objetivo a alcanzar. V.2.c.

Reflexión

"Debes tener gente de reemplazo."

Los malos líderes no forman sucesores. Los buenos se miden por la calidad y cantidad de personas disponibles para pasarles su legado.

Algo anda mal cuando uno no halla en un equipo gente a las cuales decirles: "Ahora te toca a ti." Si se ha liderado desde el discipulado, siempre habrá un sucesor. El problema es que muchos lideran desde el autoritarismo, del permanente "déjame hacerlo yo."

La desaparición de grandes ministerios se explica por varios errores a la hora de determinar quién sigue. Solo tres para que sirvan de ilustración.

• Siempre se va camino a problemas cuando el sucesor es impuesto por las circunstancias imprevistas. Elegir a cualquiera que esté disponible para reemplazar, crea más problemas que los que resuelve.

• Reemplazar a un líder fuerte por gente que sólo porta su sangre, su apellido o tiene lazos familiares cercanos, es como poner a un hijo en el quirófano a operar porque su padre era premio Nobel de medicina. Para reemplazar a un grande hace falta mucho más que tener su ADN biológico o la pertenencia que da un árbol genealógico.

• Siempre va a ser paz efímera la que se logra como resultado de una guerra interna por la "corona" del líder a reemplazar. La decadencia del Imperio Romano se produjo como consecuencia de los malos líderes que ganaron el título de emperador en las sucesivas batallas por quien ocupaba el trono de Roma.

Dios exige que si creo que soy Moisés forme a la mayor cantidad de Josué y Caleb. Si soy profeta que tenga una escuela de profetas de las cuales salgan quienes van a recibir mis mantos. Jesús pudo irse al cielo porque tenía por lo menos ciento veinte a los cuales les dijo: "Ahora les toca a ustedes ir hasta lo último de la tierra."

Debo estar atento a los momentos en que Dios confirme, de la manera que se le ocurra, cuándo debo decirles a mis seguidores: "Me voy." Eso no debe ser una sorpresa para mis seguidores, sino el resultado natural de un proceso de retirada que se inició en el mismo momento que se dio el primer paso.

Mi Oración

"Permite que hasta el final de mis días pueda anunciar mi retiro con la tranquilidad de que siempre habrá gente mejor para hacer lo que me encargaste hacer."

Esto dicen las Escrituras

"No te creas más que nadie. No mires a nadie con desprecio. No hagas alarde de tu grandeza. No pretendas hacer grandes maravillas pues no podrás llevarlas a cabo. Más bien, cálmate. Tranquilízate como se tranquiliza un niño cuando su madre le da el pecho. Yo te regalaré hijos como recompensa. Vas a ver crecer a hijos y nietos." Salmo 131:1-2; 127:3 y 128:6.

Jueces 15:1-20

1. Lo que mal empieza suele terminar mal. V.1-8 con 14:1-20.

2. El enemigo quiere "ojo por ojo y diente por diente." V.9-10.

3. Los afectados suelen preguntar: "¿Por qué nos has metido en problemas?" V. 11.a.

4. El dominado tiene miedo del dominador. V.11.b.

5. El dominado hace cualquier cosa con tal de calmar la furia del dominador. V.12-13.

6. Dios da fuerzas para reventar las sogas que sujetan como si fueran hilos viejos. V.14.

7. Cualquier cosa puede llegar a ser un arma que mata. V.15-16.

8. Hay cosas que se desechan una vez que cumplen sus funciones. V.17.

9. Se pueden elevar reclamos después de victorias grandes. V.18.

10. Dios tiene poder para hacer salir agua de un hueco. V.19.a.

11. Hay manantial para el que suplica. V.1.b.

12. Hay funciones que duran mucho tiempo. V.20.

Reflexión

"No eleves reclamos después de victorias grandes."

Cuando hay inmadurez o falta de buenas relaciones, cualquier oportunidad es buena para pasar facturas, hacer reproches. El que se halla afectado por el continuo tomar vinagre en vez de vino bueno, tiene tanta amargura acumulada que hasta en un momento de celebración, larga todo el "rollo" que tiene guardado.

Un líder que presenta quejas en medio de los festejos, queda marcado a 360 grados. Lo ven con malos ojos las autoridades que están arriba, los que están abajo siendo influenciados por él y por los líderes pares que son sus amigos o simples compañeros de equipo.

Las victorias grandes suelen ser buenos espacios para medir el carácter de los guerreros. El néctar del triunfo suele tener diferentes efectos en los que fueron protagonistas. A algunos se les sube a la cabeza. A otros les da el coraje suficiente, como a los borrachos, para decir o hacer lo que nunca dijeron. Solo los maduros ven a la corona de laurel o de oro, como algo que simboliza un logro alcanzado, pero al mismo tiempo, como lo que es: algo que hoy está y mañana no.

Los reclamos deben ser presentados en los tiempos apropiados. Ellos deben ser descubiertos aplicando mucha sabiduría.

Los resultados de cualquier reclamo se ven afectados por muchas y variadas variables: El peso del reclamo, el tono en que se pronuncian las palabras, los testigos que escuchan, las circunstancias que vive el que es el depositario del reclamo, etc.

Cualquier liderazgo crece o disminuye proporcionalmente a las veces en que se demuestra la habilidad de callar cuando se debe callar, y hablar cuando se debe hablar. Los niños y adolescentes impulsivos suelen hablar cuando se les dan las ganas. Como resultado, muchas veces no solo no reciben lo que piden, sino que, como echan leña al fuego, terminan quemándose.

Mi Oración

"Sigue incrementado hasta el final de mis días la habilidad de discernir cuándo hablar y cuándo callar."

Esto dicen las Escrituras

"No debes limitarte a decir que amas, sino que debes demostrarlo por medio de lo que haces." 1° Juan 3:18.

Marcos 14:65-72

1. Hay gente que no reconoce a quien tiene al frente. V.65.

2. **Se puede estar cerca, pero lejos. Ver 53 y 66.**

3. Hay circunstancias donde la pertenencia es negada. V.67-71.

4. Lo que Dios dice se cumple aunque parezca medio loco lo que se dijo. "En ese momento, el gallo cantó."

5. Para "salir del paso" hay seguidores que acuden a la mentira. V.71.

6. A veces hay mucha tristeza cuando uno ve que el otro tenía razón. 72.

Reflexión

"Recuerda que puedes estar cerca
pero, en realidad, estar lejos."

En el liderazgo la distancia que importa no se mide en metros sino en el nivel de calidad que las relaciones tienen. Es como en el matrimonio, se puede dormir espalda contra espalda pero estar muy lejos relacional-mente hablando. Se puede vivir bajo el mismo techo y ser un extraño toda la vida. Nada duele tanto a un hijo como criarse con padres que están pero no están.

Existen múltiples razones para explicar el por qué las relaciones no son las que deberían ser. Pero sean cuales fueran, el costo emocional es alto para el que comprueba que está solo. Nada duele tanto al que sufre que saber que está solo a pesar del mucho tiempo invertido en caminar junto con personas a las cuales decía amigos. Es que no siempre los amigos que dijeron presente en las buenas, están en las malas.

Como líder debo desarrollar la capacidad de dar señales claras a mis seguidores; que puedo faltar en algunos momentos buenos, pero nunca en los malos. Ellos deben tener certeza de que conmigo no hay gallo que cante porque nunca voy a negar que ellos y yo somos una sola cosa.

Se experimenta mucha tristeza cuando uno debe reconocer que falló a la hora de acompañar al amigo que necesitaba sentirse acompañado. Por eso, tengo que proponerme que el gallo se quede, al menos conmigo, con ganas de cantar en la noche oscura de mis seres queridos. Puedo olvidar con quién he reído, pero nunca con quién he llorado.

Lo bueno de ser parte de un equipo que permanece unido en el tiempo, es poseer historias que demuestran que uno nunca está solo. Las distancias no existen para el amigo que ama con ternura. Pero para los que tienen relaciones muy débiles, hasta poner un "me gusta" en Facebook cuesta. Encontrar en la agenda media hora para visitar al compañero enfermo es imposible para el que sólo le interesan las acciones que producen resultados.

Dios es diferente. Él a pesar de lo ocupado que está en dirigir la historia de la humanidad, verificar que el cosmos siga su curso, siempre disfruta de estar al lado mío para secar mis lágrimas, escuchar mis palabras in-coherentes e injustas.

Mi Oración

"Como tú estuviste conmigo en mis noches oscuras, que yo pueda estar al lado de mis amigos cuando necesitan que alguien comparta sus lágrimas."

Esto dicen las Escrituras

"Para el que sufre es un gran consuelo el que se le preste atención." Job 21:2.

Números 36:1-13

1. No hay días especiales para recibir los pedidos de resolver los problemas de la "tribu." V.1.

2. Hay pensamientos que engendran preocupaciones. V.2-3.a.

3. Uno quiere hallar medios para no perder parte del territorio que ha recibido. V.3.b.

4. Imagina lo que va a suceder si no se hace nada para resolver un problema. V.4.

5. Dios dice lo que debe hacerse. V.5.a.

6. El que tiene razón, tiene razón. V.5.b.

7. Si se dan libertades deben ser claros los límites. V.6. "Siempre y cuando."13.

Reflexión

"Imagina lo que va a suceder si no haces nada para resolver un problema."

Los problemas no resueltos a tiempo, son como una deuda contraída a tasas usurarias: crecen y crecen hasta que se convierten en una montaña. Hay problemas chiquitos que luego se transforman en gigantes. Sin embargo, los inmaduros usan la estrategia del avestruz: esconden la cabeza pensando que… "ojos que no ven, peligro que no existe."

El líder espiritual sabe que existen peligros latentes en una mosca que anda dando vuelta por el lugar donde se guardan los perfumes. Él se imagina cómo una exquisita fragancia puede llegar a oler a agua podrida si no se mata a esa mosca. Muchas decisiones u omisiones no se hubieran producido si uno habría invertido algo de tiempo para pintar claramente las consecuencias potenciales que se podían producir si uno hacía o no hacía lo que pensaba.

Los generales que ganaron grandes batallas, al igual que los creadores de grandes empresas, tienen muchas cosas en común. Una de ellas es la capacidad de "pintar escenarios claros" sobre las consecuencias de las decisiones que se están a punto de tomar. Los perdedores, lo son entre muchas otras razones, porque son incapaces de ver más allá de sus narices. Ya lo dice el dicho: "Hombre (y mujer) prevenida, vale por dos."

Otro de los beneficios del pintar escenarios, es que ver por anticipado lo que va a suceder es de gran motivación a la hora de hacer "millas extras." Uno que llama a lo que no es como si fuera, que disfruta en lo que todavía no existe en el mundo real, pero es palpable en la mente, halla fuerzas para saltar o derribar a todo lo que se le opone en el camino hacia lo que cree.

Como líder debo hallar fuerzas en lo que Dios dijo que haría y me daría. El Espíritu Santo invirtió miles de años para pintar imágenes de lo que le aguarda al que cree que vale la pena el servir a la causa de Jesús. Mi tarea es motivar a los miembros de mi equipo para que no cometan el error que comenten muchos museos: guardar en sótanos muy oscuros verdaderas obras de arte.

Mi Oración

"Que las imágenes de lo que me espera ante cada situación o decisión, fortalezca mi decisión de agradarte en cualquier escenario posible."

Esto dicen las Escrituras

"Si yo hablo, Tú escucha. Que tus ojos lleguen a conocerme." Job 42:4-5.

Salmo 24:1-10

1. Todo es de Dios. V.1.

2. Las bases y los límites son creación de Dios. V.2.

3. Hay condiciones para tener una relación correcta: estar donde Dios está y recibir la bendición de Él. V.3-6.

4. Para que entre el Rey de gloria, los portones antiguos deben abrirse. V.7-10.

Reflexión

"Hay condiciones para tener lo que yo doy."

Las religiones no cristianas enseñan que con sacrificios pequeños se logran grandes cosas. El Estado ha acostumbrado a la gente que hay cosas por las cuales no se debe luchar. La sociedad de consumo existe y crece porque se basa en ofrecer muchos beneficios por medio de comprar en muchas y pequeñas cuotas. El único que exige mucho para conseguir cosas es el Dios de la Biblia. Da todo a cambio de pedir que se pague el precio que está establecido.

No puedo estar con Él si no cumplo las condiciones que fueron explicitadas en los tiempos antiguos.

Mis actitudes correctas generan en Dios el deseo de bendecirme. Las manos sucias, el corazón impuro, el decir mentiras, el ser idólatra, frenan la orden divina que trae prosperidad integral a mi vida.

No hay peor negocio, que no pagar el precio pequeño para tener el favor del dueño del Universo. Si alegro a Dios, entonces todo lo que hay en la tierra está a solo la distancia de una palabra que sus labios pronuncien. Todo es mío si Él me lo cede. Nada puedo lograr si Él dice: "No quiero que lo poseas."

Como líder estoy obligado a no ser un desubicado. Si me desubico voy a pagar un precio muy alto a la hora de volver a ser ubicado. Por ello, debo mantener una clara y permanente conciencia de quién es Dios. Mi relación de hijo, amigo, siervo obediente, etc., no debe hacerme olvidar las otras realidades de su persona. Es por ejemplo, el Señor de los Ejércitos Celestiales, el Juez de la raza humana, etc.

"Gracias porque pusiste muy en claro el precio que tengo que pagar para tener lo que me ofreces en tu Palabra."

"Yo guío con fidelidad y amor inagotable a todos los que me obedecen. Soy amigo de los que me temen." Salmo 25:10 y 14.

Salmo 60

1. El enojo produce alejamiento y deseos de destruir. V.1.

2. Sacudir produce grietas y desmoronamientos. V.2.

3. El poner pruebas muy duras es, a veces, como dar a beber tanto vino que hace tropezar. V.3.

4. Hay que decir qué se debe hacer para escapar de las flechas que se vienen contra uno. V.4-5.

5. Hay declaraciones que se han realizado que deben ser recordadas en los tiempos duros. V.6-8.

6. Hay reafirmaciones que conviene hacer cuando a uno lo cuestionan. V.9.

7. Hay ayuda que resulta inútil cuando el nivel superior se aleja. V.10-11.

8. Explicitar el por qué se hace imprescindible la participación, siempre es bueno. V.12.

Reflexión

"Si sacudes muy fuerte, puedes producir grietas y desmoronamientos."

Cuando la tierra es sacudida fuertemente, eso produce grietas y desmoronamientos. Lo mismo pasa con las personas. A menos que tengan cimientos muy firmes, los sismos de gran intensidad o terremotos afectan no solo lo visible, sino la estructura oculta. Las fallas estructurales siempre salen a luz cuando son sometidas a grandes presiones. Lo que realmente soy, ha salido a la luz en medio de las grandes crisis que he vivido.

La única forma de prepararse para las sacudidas fuertes es poniendo buenas bases. Sin buenos cimientos no se pueden soportar los sismos de la vida. Por eso mi liderazgo puede hasta aquí, aguantar lo que aguantó: por las bases que fui poniendo antes de edificar mi servicio.

Los daños se producen cuando la proporción de los cimientos no se corresponde con la altura de lo que uno edifica. A mayor altura y desarrollo, mayor fortaleza deben tener los cimientos. Los cimientos para una casa de dos pisos, no sirven para un edificio de quince pisos.

Por eso, para construir en altura, primero se demuele lo que existe. Muchos líderes se vinieron abajo porque edificaron sobre lo que tenían desde siempre, no aumentaron sus fortalezas. Y por no incrementar las fortalezas, se fortalecieron las debilidades, las fallas estructurales que poseían. Eso explica el por qué cayeron. Uno de los secretos de mis éxitos está en que, como conozco mis debilidades y fortalezas, trabajo en ellas en forma simultánea.

Hay límites que no debo sobrepasar a la hora de "sacudir" a mis seguidores. Mi relación afectiva con ellos debe servir para conocer hasta dónde puedo someterlos a presiones. Lo mismo vale para las presiones ajenas a las cuales son y van a ser sometidos. Si Jesús puso, pone y pondrá límites a las presiones a las cuales fui, soy y seré sometido, yo debo hacer lo mismo con mis seguidores. Toda sacudida debe ser a la medida justa de los límites que cada persona posee. Mi responsabilidad como mentor es conocer individualmente el punto máximo que ni yo ni nadie debe pasar a la hora de "sacudir" a alguien.

Mi Oración

"Sigue haciéndome experto en eso de apretar, sacudir a tus discípulos, en la medida justa."

Esto dicen las Escrituras

"Fortalece a los débiles, da fuerza a los cansados, da ánimo a los tímidos." Isaías 35:3-4.

Tito 2:11-15

1. Dios ya ha demostrado cuánto ama a todo el mundo. V.11-12.a.

2. El amor de Dios es el que nos enseña a dejar de hacer el mal y no desear lo malo de este mundo. V.12.b.

3. El amor de Dios nos enseña que, en este mundo, debemos ser honestos y fieles a Dios. V.12.c.

4. Hay un día feliz y maravilloso que todos estamos esperando. V.13.a.

Reflexión

"Todos están esperando vivir un día feliz y maravilloso."

Como herencia de la niñez, a todo ser humano le queda el deseo de vivir uno o varios días que entran en la categoría de "día feliz y maravilloso." Para algunos será el casamiento, para otros la llegada del primer hijo, la primera vuelta de llave en la casa propia, el primer beso, el título, etc. Cada uno espera, con ansias, ese o esos días únicos.

Tanto los seguidores como los líderes necesitamos mantener firme la convicción de que vamos a disfrutar del fruto del compromiso con la visión, con la institución. Si se pierde la esperanza de cosechar, disminuyen las ganas de seguir sembrando. De allí la importancia que tiene que el líder genere anticipos del "gran día feliz y maravilloso" que sus seguidores aguardan disfrutar. Hay que insistir en pedir a Dios sabiduría para discernir cuándo a las palabras motivacionales hay que añadirle una "cajita tipo Mc Donald's."

Algunos días felices y maravillosos son la consecuencia natural de un proceso. Otros, como las cajitas que traen regalos, nos sorprenden. Por eso hay que diseñar una senda donde se prevean momentos de reconocimiento a los que valiente y esforzadamente batallan jornada tras jornada. Esos puntos de encuentros donde se entregan "anticipos de gloria," son los que permiten no sólo renovar el compromiso, sino aumentarlo. Muchos grandes líderes cuando estuvieron a punto de decir: "hasta aquí llegué," no lo hicieron porque alguien fue el instrumento divino para darles alguna micro recompensa.

Por otro lado, existe el peligro de limitar los "días felices y maravillosos" solo a la dimensión humana. Siempre los excesos son malos. Es tan malo siempre hablar que la recompensa consiste en la corona que se recibe en el trono una vez que morimos, como solo resaltar que lo que importa como logro es lo que se disfruta mientras vivimos. Sólo el que tiene una gran intimidad con Dios considera como basura toda la riqueza y honores terrenales. Sólo el que ama con profundidad a Dios vive como un privilegio el sufrir por hacer feliz al Rey de reyes. El inmaduro, afirma racionalmente lo anterior, pero interiormente se cree que es un asalariado que tiene derechos a recibir algo de paga por sus servicios. Y como liderar se lidera tanto a maduros como a inmaduros, se debe aprender cuándo, aún el maduro, emocionalmente necesita como los gatitos mimosos, una sobada de lomo; o como un niño, un premio por lo que es y hace.

Mi Oración

"Haz crecer la certeza en que si te amo con ternura, me vas a conceder los deseos profundos de mi corazón, sin necesidad de que como gatito mimoso te cargosee."

Esto dicen las Escrituras

"Te trato como a rey. Te he dado plena autoridad sobre todo lo que hice. Tienes dominio sobre toda mi creación. Contempla el cielo, la luna y las estrellas que hice para que valores mi pensar en ti, en mi tenerte en cuenta." Salmo 8:5-6 y 3-4.

Zacarías 2:1-13

1. Si vuelvo a levantar la vista, voy a ver otras cosas. V.1.

2. Debo ser hábil en hacer preguntas concretas. V.2.

3. Hay mensajes de Dios que me vienen de manera indirecta. V.3-4.

4. Hay órdenes y formas de actuar que suenan contradictorias. V.4-7.

5. Los que me hicieron, hacen y harán daño, Dios los va a castigar. V.8-9.

6. Tengo que desarrollar la capacidad de gritar de alegría por lo que sucede. V.10.

7. Si voy a imitar el carácter de Dios, eso significa que debo ser inclusivo y no excluyente. V.11.a.

8. Mi credibilidad se fortalece cada vez que suceden algunas cosas que he predicho que iban a suceder. V.11.b.

9. Lo que pertenece a Dios volverá a ser patrimonio suyo. V.12.

10. Hay gestos que son necesarios respetar ante la autoridad. V.13.

Reflexión

"Desarrolla la capacidad de gritar de alegría por lo que sucede."

Las emociones son creación de Dios. La forma en que las mismas se expresan, están influenciadas por la cultura, por la crianza familiar, por el temperamento, pero sobre todo por los modelos o mentores que se poseen. Por eso, existen formas diferentes de expresar las emociones frente a un mismo hecho.

Como líder debo desarrollar la capacidad de expresar emociones de tal forma que la misma genere en los que me observen, palabras de gratitud a Dios.

Si mi grado de emotividad es el equivalente al que brota de un pescado insensible o un muerto, poco a poco veré cómo mis seguidores me rehúyen a la hora de compartir lo que les alegra o entristece.

Aunque es verdad eso de que puedes olvidar con quién has reído pero nunca con quién has llorado, el dar señales de mucha alegría por lo que pasa, me une con los que participan de ese hecho. Nadie que comparte una gran noticia se escandaliza cuando el "ruido de alegría" es fuerte. Al contrario, si mi aplauso tiene "sordina," es débil como "palmada de mariposa," mi seguidor va comenzar a tener dudas si realmente estamos captando la importancia de lo que acontece.

He recibido una orden de parte de Dios: "Reír con los que ríen, llorar con los que lloran." La única forma de cumplir este mandamiento es estando con los que ríen y con los que lloran. Hay lugares claves para cumplir esta misión.

Para llorar basta con ir a los velorios, a los hospitales, a las casas donde hay dolor. Para reír, las fiestas de bodas, de quince años, aniversarios de casados, fiestas de graduación; son los lugares clásicos donde se espera que yo demuestre mi alegría en un grado alto. Pero en realidad, cualquier lugar puede convertirse en un salón de fiesta improvisado de parte del que desea compartir conmigo su alegría. Solo depende de mí, si tengo la capacidad de demostrar cuánta alegría también me provoca ese hecho.

Mi Oración

"Incrementa mi capacidad de sentir lo que siente el que tengo al frente."

Esto dicen las Escrituras

"Cántame alabanzas porque te enseño. Que mi enseñanza sea tu alegría. Que mi palabra te haga más feliz que si encontraras un tesoro." Salmos 119: 171, 174 y 162

1 Crónicas 19:1-19

1. Hay que medir la calidad de los consejos que se reciben. V.1-4.

2. Hay que dar tiempo para restaurar lo que causa vergüenza. V.5.

3. Hay cosas que exigen demostrar que han hecho enojar mucho. V.6.a.

4. Hay ayudas que salen caro. V.6.b.-8.

5. En la lucha hay que prever diferentes escenarios. V.9-13.

6. Hay que saber cuándo parar el combate. V.14.b.

7. El enemigo vencido pide ayuda para intentar de nuevo vencer. V.16.

8. Cuando cae el jefe, los seguidores huyen. V.17-18.

9. Hay ayudas que nunca más se dan. V.19.

Reflexión

"En tus luchas debes prever diferentes escenarios."

En el liderazgo, la falta de previsión es madre de desastres. Un buen luchador no sale al combate si primero no analiza cuidadosamente la mayor cantidad de opciones que se pueden dar. Muchas derrotas se originan en la falta de capacidad para visualizar los diferentes escenarios que pueden presentarse.

Lo que irrumpe y daña por primera vez, hiere mucho más que lo que uno, al menos en la imaginación, ha podido ver. Se teme a lo desconocido, no a lo que se conoce. De allí que cuando invierto tiempo en prever lo que puede pasar, en realidad me autoprotejo, le quito poder a lo imprevisto.

Un buen líder da tranquilidad a los seguidores en función de su capacidad de aumentar el número de opciones que existen a la hora de emprender las "batallas". Un cazador que sólo confía en el poder de su escopeta, se va a ver en problemas a la hora en que la escopeta no funcione frente a un león. Los cazadores expertos saben que deben prever muchas cosas a la hora de internarse en la selva. Ellos se preguntan: "¿Qué haría si tal cosa pasara?"

El hábito de elaborar catálogos de opciones ante cualquier cosa que se emprenda, incrementa el nivel de flexibilidad que poseo. Y como líder sé que lo que no es flexible, se rompe primero que lo que es flexible. La única opción es como el único camino: todo anda bien, hasta que algo sale mal e impide continuar la senda trazada. En cambio, el prepararse para la posibilidad de que se produzcan obstáculos que obliguen a tomar desvíos, hace que las demoras se acorten.

Si Dios guía mis caminos, eso trae como consecuencia inevitable que muchas veces lo que decido sin consultarle va a ser cambiado. Y aunque tenga el absoluto convencimiento interior de que lo que emprendo será realizado en la manera en que lo diseño, debo recordar que "el hombre propone y Dios dispone". Él sabe que a veces lo mejor para mí es el cambio, no el concederme todo lo que decido. De allí la importancia de prever mis reacciones ante los "no" de Dios a mis oraciones, mis deseos, mis necesidades.

Mi Oración

"Incrementa mi capacidad de pensar estratégicamente las opciones ante los desafíos, las luchas, las dificultades y los ofrecimientos que se me presentan."

Esto dicen las Escrituras

"Si el buey y el burro conocen a su dueño y saben quién les da de comer, el pueblo que formé debe tener inteligencia." Isaías 1:3.

1 Reyes 9:1-9

1. Algunos tienen el afán de construir de todo. V.1.

2. Dios vuelve a aparecerse en la vida. V.2.

3. Dios escucha las oraciones y los ruegos. V.3.a.

4. Lo que edifico es de Dios. V.3.b.

5. El cumplimiento de las promesas es condicional a la obediencia.V.4-5.

Reflexión

"Lo que edificas es de Dios."

Los usurpadores son apropiadores de propiedades ajenas. Nunca tienen buena fama en el vecindario. Ellos se creen dueños de lo que por derecho propio le corresponde a otra persona. Aún más, sus esfuerzos por demostrar el por qué están robando lo que no es suyo, irritan a los que conocen al legítimo propietario. Dios se irrita mucho cuando alguien que dice ser su esclavo lo desvalija, lo saquea, le arranca su gloria.

Un líder inmaduro es como un ganso sin plumas en gallinero ajeno. En su afán por ser alguien, por tener algo, hace cosas que en el fondo son intentos de desplumar al Creador del Universo. En cambio, el maduro espiritual sabe que todo, pero todo, es propiedad exclusiva del Padre de Jesucristo. Es un negador serial de cualquier intento de quedarse con algo de la fama, del elogio, del beneficio de su desvelado trabajo para el Reino. Ni una pluma de la gallina queda en sus uñas como consecuencia de erradicar todo pensamiento de que tiene derechos sobre lo que hace o da.

El tiempo de disfrutar del adueñarse de lo que es propiedad divina, se termina. Los ocupas siempre serán expulsados violentamente de lo que se aferraron con dientes y uñas. Eso pasa aquí cuando los jueces ordenan a la policía desalojar por la fuerza al que no quiere irse voluntariamente de lo que no es suyo.

Es batalla perdida el luchar por lo que no es mío. Como líder mi prosperidad es asegurada y creciente cuando todo lo que edifico es realmente para Dios. Mi amo celestial sabe el por qué hago lo que hago. Mis intenciones ocultas a la hora de servirle, le son conocidas. De allí que cuando hay ausencia total de intenciones de reclamar algo a cambio de lo que hago para extender su Reino, Él dice: "Todo lo mío es tuyo, amigo."

Jesús no vino a buscar ni socios ni empleados para su Padre. Su misión era reclutar personas que reconocieran con sus hechos, con sus pensamientos, con sus emociones, que amaban al que siempre estuvo y estará sentado en el trono. En palabras del que murió en la cruz: "Adoradores que adoren en espíritu y en verdad." En lenguaje lunfardo: "Que no fueran truchos a la hora de decir que trabajan para Dios."

La frecuencia del uso de los pronombres posesivos "mío" y "tuyo", descubre la realidad mental, interior sobre quien es el verdadero destinatario de mis esfuerzos, de mis luchas, de mi trabajo.

Mi Oración

"Soy un privilegiado por el honor que me diste de llamarme a servirte. Gracias por el ejemplo de mis mentores que dieron todo con el único afán de agradarte y demostrar con sus hechos que nunca buscaron el beneficio propio de ellos o sus familiares."

Esto dicen las Escrituras

"Vale la pena ser amigo de Dios. Él siempre está vigilando todo lo que hacemos." Job 34:9 y 21.

2 Crónicas 15:1-19

1. Lo que sucede está condicionado a mi obediencia. V.1-2 y 18-19.

2. Para volver, solo hace falta decisión. V.3-4.

3. No importa lo que les pase a los "otros." Mi trabajo será recompensado si me mantengo fuerte y valiente. V.5-7.

4. Si oigo el mensaje de Dios, eso debe producir reacciones en mi persona. Armarme de valor, quitar ídolos, reparar altares, son algunas de esas manifestaciones. V.8.

5. Las evidencias de que Dios está conmigo, provoca "mudanzas" en la gente. V.9.

6. El objetivo final de reunirnos debe ser siempre uno: Hacer pacto de buscar al Señor. V.10-15.a.

7. La búsqueda fervorosa de Dios trae descanso de los enemigos. V.15.b.

8. A la hora de limpiar la casa no valen las relaciones familiares. V.16.

9. Lo importante es que mi corazón se mantenga totalmente fiel durante toda mi vida. V.17.

10. Hay que entregar lo que uno dedica a Dios. V.18.

11. La paz puede durar muchos años. V.19.

Reflexión

"Lo que sucede está condicionado a tu obediencia."

Como líder debo luchar con la tendencia de echar la culpa de lo que pasa a otros. Los niños inmaduros atribuyen el origen de lo malo a fuentes externas a sus personas. Los maduros nos hacemos cargo de que la suma de dos más dos da cinco porque la hicimos nosotros. Dios garantiza que el respeto a sus leyes siempre va a dar los resultados prometidos. Lo que sucedió, sucede y sucederá estuvo, está y estará condicionado por mi obediencia, por mi fervorosa y permanente fidelidad a Dios. El problema de mantenerme firme en eso de hacer buenas sumas, está en dos cosas. Una es en el tiempo: tengo que hacer buena letra hasta el último microsegundo de mi vida. La otra: la fuente que atenta a mi constancia es la imagen que poseo sobre lo que significa tener paz. Paz no siempre es ausencia de enemigos. En realidad, el verme rodeado de una gran multitud de feroces enemigos mientras tomo mate con el Espíritu Santo, me incrementa la paz. La abundancia de bienes, recursos, relaciones, salud, no es garantía de paz. Si Dios está conmigo, la paz está en mí independientemente de lo que suceda o posea. Pero Dios sólo está conmigo si yo le obedezco. Y obedecer es una decisión, un pacto que debo renovar día tras día, hora tras hora, minuto tras minuto. Un segundo de desobediencia es suficiente para que dos más dos, dejen de ser cuatro.

Mi Oración

"Dame la capacidad de visualizar cómo en un segundo de loca desobediencia puedo perder la paz que me das en medio de las circunstancias."

Esto dicen las Escrituras

"Teme siempre al Señor. Si lo haces, serás recompensado. Tu esperanza no se frustrará." Proverbios 23:18.

2 Reyes 4:1-7

1. Hay muertos que dejan problemas como herencia. V.1.

2. Los que son dueños de la deuda siempre buscan la forma de cobrarse. V.1.b.

3. Cada vez que se presenta un problema, hay que aprender a hacer buenas preguntas. V.2.a.

4. Hay que multiplicar lo que uno tiene. V.2.b.-3.

5. Hay cosas que se deben hacer a puertas cerradas. V.4-5.

Reflexión

"Procura no dejar problemas como herencia."

El dicho que afirma que "muerto el perro se acabó la rabia," solo es válido para los perros. Hay finados que después de ser enterrados dan a luz mucha rabia en sus deudos. Nunca es motivo de alegría el descubrir que se han recibido solo malas "herencias."

Cada generación hace un legado a las próximas. Las que vienen no tienen opción en cuanto a recibir o no algunas de esas herencias. Por ejemplo, los daños que provocamos en los ecosistemas lo van a sufrir los bisnietos y tataranietos de nuestra generación. La corrupción en los líderes políticos de hoy, deja una pesada herencia que el próximo gobierno va a tener que saldar.

Para tener la posibilidad de ser bien recordados, hay que solucionar problemas, no crearlos o aumentarlos.

En cualquier rol de liderazgo mis seguidores anhelan que me muera dejando como herencia cosas que, a la hora de recordarme, los impulse a expresar gratitud a Dios por haberme puesto en sus caminos. Debería estremecerme la más pequeña posibilidad de que alguien maldiga la hora en que me conoció. Ese derecho solo debo reservárselo al diablo.

Para no dejar heredades no queridas se me exige enfrentar los problemas que hasta un ciego ve. Los inmaduros, al igual que los avestruces, creen que evadiendo, dejando de pensar en los problemas, estos se resuelven.

Los que son maduros espirituales, como no piensan en ellos sino en los que influencian y discipulan, se empeñan en identificar hasta las posibilidades de dejar involuntariamente problemas a los que están preparando como reemplazo. Por eso, debo esforzarme para que en mi velorio y en los días sucesivos, muchos lloren de gratitud por el camino despejado que les lego y no lloren por la pesada carga que ahora cayó sobre sus lomos.

Jesús se murió con la certeza de que todo estaba en orden. La victoria fue producto de su empeño de que sus discípulos y familiares no tuvieran la posibilidad de descubrir que quedó algo sin resolver. En medio del dolor supremo de la cruz, dejó resuelto quién debía ocuparse de sostener a su madre viuda. Como tengo la mente de Cristo, debo hacer lo mismo con cada una de las cosas que van a afectar, cuando las reciban, a mis seguidores y familiares.

Mi Oración

"Sigue dándome sabiduría y revelación para saber cómo dejar solo herencias que alegren a los que serán depositario de los frutos de mi existir."

Esto dicen las Escrituras

"Conviértete en un árbol donde tus ramas sean tan fuertes que permitan que, con ellas, se hagan cetros para reyes." Ezequiel 19:11 y 14.

Amós 7:1-9

1. Hay que permitir ver algunas cosas. V.1.a.

2. Las cosechas deben tener destino. V.1.b.

3. Dios tiene langostas para enviar en contra de algunos. V.2-3.

4. Dios escucha y tiene compasión. V.3.

5. Dios mide el grado de rectitud. V.7-8.

6. Dios ha trazado un límite para el número de pecado que soporta. V.8.b.

7. Dios declara la guerra contra el que lo ofende con su idolatría. V.9.

Reflexión

"Mide el grado de rectitud."

Las pequeñas o grandes desviaciones siempre son peligrosas en un edificio. Solo se diferencian por el tiempo que demanda el ver las consecuencias de dichas desviaciones. De allí la importancia de detectar lo más temprano posible lo que está en falsa escuadra, lo que está fuera de lo que marca el hilo de la plomada.

Dios me mide. Sabe mi grado de rectitud y también el nivel de mis desviaciones. Como ve el futuro en forma simultánea con el presente, conoce las consecuencias que traerán esas pequeñas decisiones que tomo fuera de lo que marca su "plomada," su "escuadra". Por ello, destruye lo que con tanto esfuerzo construyó. Él prefiere derribar dos pisos antes que ver cómo se desmorona un edificio terminado de veinte.

Como líder debo estar muy atento a la presencia de las pequeñas desviaciones, a los "pequeños pecados." Muchos grandes hombres se han derrumbado en sus ministerios, por no solucionar en el tiempo apropiado, las pequeñas fallas que detectaron. Ellos creyeron, como el agricultor, que el tiempo iba a matar la mala planta de cizaña. Pero es todo lo contrario, si se deja una sola planta de cizaña, solo es cuestión de tiempo el ver cómo llena todo el campo y mata al buen trigo. De igual modo, si no se erradica una falla en los cimientos o en cualquier lado de una construcción, a corto, mediano o largo plazo, las consecuencias se van a sufrir.

No es misericordia el dejar pasar lo que está mal. Es todo lo contrario. El callar ante lo que no cuadra en el "peso," en la "cinta de medir," es engaño, es prueba de que soy cómplice y co-responsable por las consecuencias. Cada vez que no actúo ante las desviaciones, sean del tipo que sean, se me imputa lo que dice Daniel 5:27: "¡Has sido medido y pesado y has sido hallado en falta!"

Mi Oración

"Hazme inflexible ante mis pequeñas desviaciones de tus normas."

Esto dicen las Escrituras

"Solo te pido que reconozcas tu culpa, que admitas que te rebelaste contra mí, que no has querido obedecerme. Si lo haces, me olvidaré por completo de mi enojo. Te recibiré con los brazos abiertos." Jeremías 3:12-13.

Deuteronomio 31:1-8

1. Hay que aceptar las limitaciones que impiden seguir siendo. V.1-2.a.

2. Hay que tener certeza cuándo Dios dice "no te dejo hacer esto." V.2.b.

3. Nunca hay que reemplazar a Dios a la hora de dar seguridad. V.3.a.

5. Hay que acompañar a las palabras con gestos que las hagan realidad. V.7.a.

Reflexión

"Acompaña a tus palabras con gestos que las hagan realidad."

Las palabras son importantes porque anuncian la aproximación de realidades. Son poderosas a la hora de crear cosas que no son. Por eso el enemigo las utiliza muy apropiadamente para crear miedos, temores, pre juzgamientos, etc., cuando se propone abortar algo que viene de parte de Dios. Los cementerios están llenos de personas que murieron frustradas porque al final de sus vidas solo fueron "jarabe de pico." Dijeron y no hicieron. Hicieron lo que dijeron que nunca iban a hacer. Decir y no hacer, siempre se evalúa como algo malo.

Mi liderazgo entra en zona de riesgo cuando transmite la idea de que lo que digo, a veces no se cumple; que lo que prometo, a veces no ejecuto. Y a la inversa, crezco en influencia cuando los objetivos declarados se hacen realidad. Mi credibilidad crece exponencialmente a medida que mis palabras se cumplen. Por eso es mejor callar, si hay dudas de que lo que quiero decir viene de parte de Dios. Pero si hay certezas de que lo que voy a decir es de Dios, entonces debo apuntalarlas con gestos que ayuden a los seguidores a aceptar que lo mío no son solo palabras.

Hay momentos en el liderazgo en que hay que imitar lo que hizo Hernán Cortés cuando quemó las naves en México. Las palabras que exigen pagar un alto costo a la hora de creerlas, requieren gestos de autoridad que las respalden. Ahora bien, eso vale tanto a la hora de anunciar a quien o a quienes reemplazan a una autoridad con muchos años de existencia, como a la hora de delegar algo pequeño en una persona. Todo ser humano necesita sentirse respaldado por alguien. La ausencia de gestos de reafirmación explica el por qué muchos nunca logran conquistar lo que estaba a su alcance conquistar.

La falta de reconocimientos formales dificulta no solo el traspaso del liderazgo sino el desarrollo de las personas. Cuando el tiempo de investir se prolonga innecesariamente ello provoca costos inútiles en los "Josués" que me han dado demasiadas pruebas de que son leones sujetos esperando mis órdenes para salir a cazar. Si he trabajado permanentemente a fin de tener a Josué y a Caleb para que me sostengan los brazos, debo pedir sabiduría y revelación para darme cuenta cuándo llega la hora de decirles: "Ahora les toca a ustedes." Si no lo hago, puedo ser acusado de "palo en la rueda." Pero si lo hago, seré recordado como quien abrió las puertas.

Mi Oración

"Que las palabras de mi boca sean respaldadas por acciones que demuestren que creo en lo que digo, que respaldo a los que formo como mis continuadores."

Esto dicen las Escrituras

"Dios mío, que los que reinen actúen con tu misma rectitud; que sean como las lluvias que empapan la tierra. Que se reconozca el dominio que posean, que sean humillados sus enemigos. Que siempre se ore por ellos. Que a todas horas se los bendiga." Salmo 72:1, 6, 9 y 15.

Habacuc 3:1-19

1. Hay cosas que necesitan acompañamiento. V.1.

2. Hay que saber bien lo que el otro hace. V.2.a.

3. El enojo debe ser con compasión. V.2.b.

4. Uno debe saber de dónde viene el otro. V.3.

5. Uno debe saber discernir qué es lo que rodea y acompaña al otro. V.3.b.-4.

6. Uno va dejando cosas a medida que camina. V.5.

7. Hay miradas que hacen temblar. V.6-7; 9-11 y 16.a.

8. Es bueno siempre preguntarse el porqué del enojo del otro. V.8.

9. El enojo puede llegar a aplastar, a destrozar. V.12-15.

10. Hay días que se deben esperar con paciencia. V.16.b.

11. Hay que alabar con alegría por lo que el otro es y no por lo que da. V.17-18.

12. Hay que dar: Nuevas fuerzas, rapidez y lugares altos. V.19.

Reflexión

"Es bueno que siempre te preguntes
el porqué del enojo del otro."

El enojo siempre es provocado por algo. Ese "algo" toma muchas formas. A veces es por lo que se hace. Otras por lo que no se hace. También por lo que se dice, pero también por lo que no se dice. Por lo que se da, por lo que se quita o por lo que se retiene. Miradas, decisiones, escritos, etc., todo puede ser fuente de enojos. Por eso, como líder debo identificar lo que provocó enojo en cada uno de mis seguidores.

Hay cosas que enojan siempre a una persona. Y hay cosas que solo lo enojan a veces. Las relaciones se deterioran cuando una de las partes produce enojos de manera permanente en el otro. La leche que hierve por horas se quema y el hervidor sufre las consecuencias.

Los enojos grandes deben ser por cosas que son de gran importancia. Me debe enojar mucho solo lo que hace enojar mucho a Dios. Mi liderazgo crece espiritualmente a medida que aumenta mi enojo por lo que irrita a Dios.

Se debilita progresivamente a medida que me vuelvo insensible a lo que a Él lo enoja.

Cada vez que me enojo debo examinar el porqué de mi enojo. No importa que este se haya expresado o haya sido mantenido en oculto. No hay enojo sin causa. Lo que me toca es identificar si el motivo del enojo es el mismo que tiene Dios en iguales circunstancias. Si no es, entonces el enojo es cosa de niño, de inmaduro, de líder herido. Es leche hirviendo al vicio.

El enojo termina si no se lo alimenta. Por eso el refrán dice: "No eches más leña al fuego". Hoy me digo: "Si no quiero que la leche siga hirviendo, cierra la hornalla". Debo dejar de decir, hacer, etc., lo que produce enojo en el otro. Y a su vez, el otro debe saber claramente que solo hay tres formas de que mi enojo se vaya: "A. Deja de hacer, decir, etc., lo que me enoja. B. Cada uno va por un camino diferente. C. Aguantamos hasta donde podamos el enojo mutuo." Pero, salvo la opción A, mi enojo seguirá siendo alimentado porque la causa del enojo sigue vigente.

Mi Oración

"Dame capacidad de identificar rápidamente el motivo por el cual se hace presente el enojo en mi vida."

Esto dicen las Escrituras

"Mi enojo es como un huracán. Mi palabra hace pedazos."
Jeremías 23:20, 32.

Hebreos 12:14-29

1. Hay cosas que se hacen, que impiden ver cara a cara. V.14.

2. No dejes que nadie se aleje del amor de Dios. V.15.a.

3. No permitas que nadie cause problemas en el grupo. Eso te va a hacer daño. V.15.b.

4. Hay plantas que envenenan. V.15.c.

5. Evita llegar al punto en que puedes llorar mucho pero ya no hay nada que hacer. V.17.

Reflexión

"No llegues al punto en que puedes llorar mucho cuando ya no hay nada que hacer."

Hay lágrimas que son derramadas tarde. Es sabio el que tiene ríos de lágrimas tipo Cataratas del Iguazú en el momento justo, en el lugar correcto y ante las personas apropiadas. Es un graduado de tonto el que retiene lágrimas de dolor en el tiempo y espacio adecuados.

Si las lágrimas no modifican realidades, solo sirven para que las bolsas lagrimales no revienten por tanta agua contenida. Jesús cada vez que lloró modificó algo. Cambió mi visión de las multitudes. Cambió el estado de su amigo Lázaro. Las lágrimas deben tener un gran poder de transformación en cuanto son testigos o protagonistas de ellas. Llorar por llorar, llora hasta el que pela una cebolla bien ácida.

Ante el pecado, la desobediencia personal, es mejor llorar ante el solo pensamiento de querer hacerlo, que llorar cuando la orden de "mano dura" con el rebelde sale de los labios de Dios. Cuando las lágrimas son el resultado de la disciplina, ni llorando frente al Muro de los Lamentos sirve. En ese caso, los líderes lo único que podemos y debemos hacer es decir: "Si quieres llorar, llora, pero aguántate las consecuencias de tus actos. No por mucho llorar van a desaparecer la cosecha de tus malas decisiones."

Y aunque el dicho afirma que… "más vale tarde que nunca," hay situaciones en que llorar tarde es lo mismo que no hacerlo nunca. De nada le sirve al padre muerto las lágrimas pidiendo perdón de un hijo pródigo que regresa tres días después del entierro. Aumenta el daño emocional de la esposa engañada reiteradamente el ver las lágrimas del ex esposo frente a la orden del juez que le impone la orden de abandonar la casa que tanto le costó edificar.

Mi liderazgo se ve afectado, para bien o para mal, por mi habilidad en saber llorar a tiempo. Y también por la capacidad de tragarme las lágrimas que perdieron el tren de la oportunidad para ser vertidas. Llorar por las consecuencias de decisiones estúpidas, cuando ya no tiene sentido llorar, siempre va a ser interpretado por los seguidores que me conocen muy bien como lo que es: una falta de madurez, de no haber sabido ser responsable con el privilegio concedido de influenciar a otros.

Mi Oración

"Sigue dándome la capacidad de llorar justo a tiempo."

Esto dicen las Escrituras

"Los malvados tendrán que sufrir las consecuencias de su maldad. A los que hacen lo malo yo les vuelvo la espalda. Pero yo siempre cuido a los que son míos. Escucho sus oraciones. Estoy cerca de los que no tienen ni ánimo ni esperanza." Salmo 34: 21, 16-18.

Hechos 14:1-7

1. Siempre que se pueda, hay que entrar juntos a ciertos lugares. V.1.a.

2. Hay lugares que expanden las palabras a "otros pueblos." V.1.b.

3. Hay personas que saben cómo poner en contra a otras personas. V.2.

4. Hay que contar toda la verdad acerca del amor de Dios. V.3.a.

5. El Señor da poder para hacer milagros y maravillas con el objetivo de que la gente crea todo lo que le decimos. V.3.b.

6. Hay peligros ante los cuales hay que tomar la decisión de huir. V.6-7.

Reflexión

"Hay peligros antes los cuales debes huir."

Hay circunstancias en que huir no es cobardía, sino sabiduría, evidencia clara que uno actúa como mayordomo de Dios. Una cosa es ser mártir y otra un inconsciente, un arriesgado inmaduro que no piensa en los intereses del Reino, sino en satisfacerse a sí mismo con eso de "pasar a la historia." Cualquier conejo que no huye cuando un perro perdiguero está al frente, termina en la olla del cazador al cual sirve el can.

Tiene su lado de verdad el dicho que dice: "Soldado que huye sirve para otra guerra." No toda retirada es señal de cobardía. Muchas veces es lo contrario, es señal de que, por tomar la decisión de seguir luchando, uno abandona el campo de batalla para tomar nuevas fuerzas, buscar nuevos recursos, para regresar con la certeza que, en ese entonces, el que va a huir es el que se cree vencedor. El número de los que mueren por la causa del Reino siempre son menores a los que mueren sirviendo con fidelidad y compromiso hasta el último día de su vida. Por causa de Jesús tengo el privilegio no solo de morir, sino de vivir por Él.

Una de las trampas del enemigo es utilizar la huida para destruir la autoimagen del adversario. Muchos quedan lisiados de por vida por alguna huida que tuvieron en el pasado. La imagen del conejo que huye se instala negativamente en la mente del guerrero que fue victorioso en mil combates y solo tuvo una retirada. El no perdonarse a sí mismo siempre es una evidencia de orgullo oculto. Desde Pedro en adelante, todos los que niegan una, dos, tres o más veces al Señor, tienen la certeza de ser perdonados.

Una de las razones por las cuales hay que huir de los peligros evidentes que se corren es esta: Soy un recurso estratégico muy valioso para el Reino de Dios. Dios ha invertido mucho para hacerme instrumento útil. Por eso, si le doy lugar a los pensamientos del enemigo, voy a ser engañado en eso de que "no soy gallina sino águila guerrera que muere con las botas puestas." Satanás prefiere que termine siendo relato de un libro de historia que muy pocos van a leer, que un viejito empecinado en reproducirse en la mayor cantidad de discípulos posibles. Un falso héroe siempre le sabe a su paladar como conejo bien asado.

Mi Oración

"Incrementa mi valentía para vivir muchas décadas más obedeciendo y sirviendo con todas mis fuerzas en eso de extender el Reino tanto en los individuos como en las estructuras humanas."

Esto dicen las Escrituras

"Si quieres tener la conciencia tranquila, obedece a Dios en todo." Hechos 23:1.

Isaías 62:1-12

1. Hay momentos en que por amor uno no se puede callar. V.1.a.
2. Hay momentos en que por amor uno no puede descansar. V.1.b.
3. No se puede descansar hasta que la victoria sea dada. V.1.c.
4. El objetivo es brillar como el sol al mediodía. V.1.d.
5. Ver y reconocer los hechos. V.2.a.
6. Dar identidad nueva. V.2.b. y 12.
7. Ser mano de Dios. V.3.a.
8. Ser hermosa corona del Rey. V.3.b.
9. Soy favorita de Dios. V.4-5.a.
10. **Hacer feliz a Dios. V.5.b.**
11. Dios ha puesto guardias en forma permanente. V.6.
12. **No hay que darle a Dios ni un minuto de descanso. V.7.**
13. Hay cosas que nunca más deben ser permitidas. V.8-9.

Reflexión

"Sé pesada. Eres la favorita de Dios. No le des ni un minuto de descanso."

Hay excesos que hacen muy feliz a las personas. El mayor de ellos es dar amor. Ningún hombre ni mujer se molesta cuando la persona que ama se "pone pesada" a la hora de dar cariño, atención, evidencias por medio del servir que el "otro" es el amado.

Los pensamientos determinan las acciones y reacciones de las personas. Y a su vez los pensamientos son productos de las palabras hechas realidades. Por eso, Dios dice que soy como esposa favorita de su harén. A nadie le gusta ser una más del montón, ser como jarrón que nadie le presta atención y menos que le digan: "me das asco porque eres vieja, gorda, sin dientes." Por eso, como líder debo ayudar a que los seguidores se alegren por ser lo que realmente son: "Favoritos de Dios."

Los usos y costumbres de cada cultura o familia, limitan el nivel de felicidad que Dios quiere disfrutar con sus discípulos. De allí su insistencia en ilustrar con

el matrimonio lo que espera experimentar emocionalmente con los que deciden establecer relaciones con
Él. Es locura pensar que en el primer día de la luna de
miel, o en el último día antes de morir, uno que se sabe
realmente súper amado, va a decir: "No seas pesada.
Déjame ver el noticiero." Solo se dicen esas cosas con la
picardía que en el fondo quiere que el otro capte que, en
realidad se quiere decir: "Ven, no me des ni un minuto
de descanso, porque estar contigo es estar en el paraíso.
¿Qué me importa lo que estaba haciendo o lo que tengo
que hacer?"

Muchas de las distancias que los seguidores mantienen es porque no he sido capaz de generar suficiente
evidencias de que, para mí, ellos son súper importantes.
La gente se aleja cuando vienen en busca de cariño y
solo reciben frecuentemente: "Ahora no. Más luego." Pero
a su vez, por la ley de la siembra y cosecha, incrementa
su compartir la intimidad cuanto más atendida, amada,
querida se siente por quien reconoce como su autoridad.

Por todo lo anterior, si realmente amo a alguien, no
tengo miedo de ser pesado en eso de dar señales claras
de que, con esa persona me gusta muchísimo compartir
mi vida.

Mi Oración

*"Me fascina estar contigo. Sé pesado. No me des ni un
minuto de descanso."*

Esto dicen las Escrituras

*"Dime entre gritos de alegría quién soy yo para ti."
Salmo 145:7.*

—————— *Jeremías 44:1-30* ——————

1. Hay cosas que deben ser dichas a todos. V.1.

2. Lo que hago con otros, deben ser vistas como advertencias de lo que estoy dispuesto a hacer. V.2.

3. Hay cosas que deben hacerme enojar muchísimo, pues son cosas que no soporto. V.3-4, 6,22.

4. Hay personas que tienen la costumbre de no prestar atención ni obediencia a lo que digo. V.5.

5. Llega el momento en que las amenazas deben convertirse en hechos. V.28.

Reflexión

"Aunque te duela, siempre llega el momento en que las amenazas deben convertirse en hechos."

El liderazgo se desgasta cuando lo que se promete no se cumple. De allí la importancia de no decir sí, para luego decir no; de hacer promesas que se las lleva el viento. La fábula del pastor mentiroso enseña que la advertencia repetida que tarda en cumplirse, produce incredulidad en el que la oye.

El ser líder con corazón de padre o madre, es el mejor antídoto contra el "cortar cabezas" antes de tiempo. El que ama retarda todo lo que puede el descolgar el látigo de la pared, el sacarse el cinto o la zapatilla para hacer "chas-chas" al hijo cabezón y rebelde. El que no tiene paternidad es muy rápido para hacer "caer fuego del cielo" sobre el rebelde.

Siempre va a haber problemas cuando la responsabilidad de actuar como profeta/isa o apóstol/a con otro, es anulado por la función pastoral o de evangelista. La exhortación firme es obligación ineludible del que ama. Y nadie ama más que un profeta o un apóstol/a verdadero/a. Mi mayor prueba de amor con los seguidores está cuando los confronto apropiadamente con sus pecados, con sus errores, con lo que está mal. Y eso nunca produce alegría en el que es líder con carácter de padre o madre. Pero postergar el dar cumplimiento a las amenazas es peor que la ausencia de la exhortación. La amenaza no cumplida en tiempo y en forma es herramienta para "cauterizar conciencias," aumentar el proceso y la dosis de autoenvenenamiento que implica creer que "peco, total no pasa nada."

Una señal de que mi liderazgo está mal, es cuando como el avestruz, escondo la cabeza ante lo que todos ven. Otra forma de decir lo mismo es que estoy en problemas cuando dejo de denunciar y, como el viejo sacerdote o profeta, permito que los hijos hagan lo que quieran con tal de no tener problemas con ellos. Ya lo dice el dicho: "El que calla, otorga." Y ante la maldad de sus hijos, el padre no puede ser cómplice o testigo silenciado por el rechazo del hijo de las primeras, segundas o terceras exhortaciones pronunciadas. Si se llega a escapar la frase: "Esto ya te lo dije mil veces," es indicativo de que, mi exhortación dejó de ser exhortación y se ha convertido en el cuento del lobo feroz que nunca viene para voltear la casa con su soplido.

Mi Oración

"Aumenta mi capacidad de cumplir en tiempo y forma las amenazas que pronuncio."

Esto dicen las Escrituras

"Yo me disgusto mucho cuando veo la falta de justicia. Cuando veo que a nadie le importa lo que observo, el enojo me envuelve como una manto para dar a cada cual su merecido." Isaías 59:15-18.

Josué 9:1-27

1. Las victorias generan alianzas en contra. V.1-2.

2. Cuando la vida está en juego, hasta el engaño se ve como salida. V.3-6 y 24.

3. El problema de no consultar a Dios es que uno toma decisiones equivocadas. V.7-15.

4. Ante las equivocaciones de sus líderes, el pueblo va a protestar V.16-18.

5. Dios elige lugares para vivir. V.27.b.

Reflexión

"Dios te eligió como lugar donde vivir."

Hay afirmaciones de parte de Dios, que puestas al lado de otros principios o verdades, las empalidecen, las hacen pasar a un segundo plano. ¿Qué competencia pueden hacer los principios sobre el liderazgo espiritual con la verdad de que Dios me eligió para habitar? ¿Qué doctrina me puede causar mayor impacto emocional que Dios ha escogido ser huésped en mi vida?

Las afirmaciones profundas sobre quién es Dios siempre vienen en formato chico. "Soy tu Padre Celestial." "No te llamo más mi esclavo, te llamo amigo." "Soy quien te protege como gallina." "Y Jesús lloró." "Yo soy tu pastor." Los hombres, y sobre todo si somos maestros, ocultamos tras de cataratas de palabras, las realidades que hasta un niño las capta si no se habla en difícil. Como líder debo empeñarme en hacer simple lo que algunos libros hacen difícil.

La gente no entrega su vida por el nivel de profundidad de los argumentos presentados. Entrega lo que es y tiene por la emoción que les provoca una relación.

El privilegio de ser elegido como hotel de lujo por el Creador del Universo, no es por lo que hago, no es por lo que tengo, sino por lo que soy. En el momento en que lo que hago deja de tener correspondencia con lo que Dios quiere que sea, el Huésped arma sus valijas y se va a donde se sienta más cómodo. La relación se mantiene pero a la distancia. Y como la distancia solo se acorta si hay comunicación, si persisto en no ser lo que Él quiere, la distancia se hará cada vez más larga. Dios quiere vivir donde hay mucha comunicación con su persona.

Cuando Dios elige una persona para vivir, los beneficios de ser "casa para Dios," se hacen visibles. Es imposible que no haya aumento de lo que la gente ignorante identifica como prosperidad. Pero esos bienes materiales no son lo importante. Lo importante es que si la estadía de Dios se hace permanente, la casa que lo alberga cada vez está más limpia. Si los días de estadía se convierten en semanas, las semanas en meses, los meses en años, los años en décadas, entonces la acumulación de diálogos, de compartir el camino, de ver cómo la empatía entre Dios y yo se hace cada vez más profunda, produce una intimidad que vale más que todo el oro, el dinero del Universo.

Nada pone más contento al que hospeda que escuchar de un huésped de honor: "Tú eres el lugar predilecto donde ansío estar, donde nunca me quiero ir." Y aunque suene pedante, Dios me ha dicho: "Tú eres mi predilecto, mi amigo del alma." Por eso estoy preocupándome para oír, en el cielo, de sus labios: "Bien, siervo fiel."

Mi Oración

"Aumenta mi visión sobre lo que significa que Tú deseas habitar permanentemente en mí."

Esto dicen las Escrituras

"Yo, el Dios Todopoderoso, te elegí." Jeremías 51:19.

Juan 7:10-24

1. Hay algunas cosas que deben hacerse sin decir nada a nadie. V.10.

2. De una persona se puede llegar a decir muchas cosas enfrentadas. V.11-12.

3. Antes de afirmar que algo está mal, deben estar seguros de que así es. V.24.b.

Reflexión

"Antes de afirmar de que algo está mal,
debes estar seguro de que así es."

El consejo imprescindible que todo líder debe obedecer es "ser rápido para escuchar pero muy lento para hablar." Sin embargo, hasta el más experimentado en el arte de poner freno a la boca, debe reconocer que a veces la lengua larga se desboca cuando los frenos no funcionan.

Las presiones de las circunstancias son la explicación del porqué uno le da rienda suelta a la lengua. Por supuesto, el maduro espiritual luego va a reconocer que se equivocó al decir que algo está mal, solo porque así le pareció en el momento donde las "papas quemaban." A su vez, el maduro discierne cuando dijo que estaba bien, solo para agradar a la "esposa que estaba muy mimosa." Cuando la bella presión de los mimos pasan, la cabeza fría reconoce que en realidad lo que recibió de los labios un diez, en realidad, se merecía un cuatro.

La lengua se suelta también, cuando los dos oídos duelen a causa de las voces de gente conocida o de las multitudes que se elevan. Hasta un político avezado, Pilatos, frente al rugido de las multitudes accede a hacer lo que ellas gritan. Mi liderazgo se prueba al máximo cuando debo decidir si hago caso a las voces a pesar de que en el interior creo que lo que ellos piden está mal. Ser políticamente correcto muchas veces no es lo correcto desde el punto de vista espiritual. Pero, quién puede condenar al que se ve desbordado por su incapacidad de poner frenos a mil lenguas, cuando la mayoría honesta reconoce que es una lucha diaria el morderse los labios.

Hay varias formas buenas de amaestrar a la lengua para que no se suelte. La mejor pero más dolorosa es reconocer públicamente el error. Nada duele más al ser humano que hacer público que se perdió el control de la lengua. Como líder ya sé que nunca debo ser Pilato. Pero si lo llego a ser, me conviene reconocer que "no soy inocente, sino responsable por haber dicho lo que no debía haber dicho."

La lengua se queda quieta si uno adquiere el hábito de no hablar hasta estar seguro de que lo que se dice, es. Ser inflexible en eso de no hablar hasta no haber chequeado la información, reflexionar con otros maduros, pedir a Dios claridad e instrucciones específicas sobre lo que Él quiere que se haga, logra que la lengua no se ponga en movimiento a los dos segundos de haber oído algo. Muchos se arrepienten luego por haber sido tan impulsivos al hablar a los dos minutos de que alguien les dijo algo.

Debo aprender de Jesús: Tenía la lengua a rienda corta cuando la gente hablaba mal de Él o de otros de su equipo. Sólo le daba rienda suelta a su lengua cuando se trataba de denunciar lo que claramente estaba mal porque era pecado.

Mi Oración

"Sigue convirtiendo mi lengua en lengua de monje budista mudo. Pon los ganchos que correspondan para que mi lengua aprenda a caminar a paso de tortuga a la hora de ser estimulada a moverse."

Esto dicen las Escrituras

"Quédate callado porque yo, el Rey, te ordeno no contestar." Isaías 36:21.

Jueces 9:22-56

1. Dios tiene poder para hacer que la gente se rebele contra una autoridad.V.22-23.

2. Dios se ocupa de que cada uno reciba su merecido. V.24 y 39-56.

3. Hay gente que se dedica a robar a todos los que pasan. V.25.

4. Hay gente que se gana la confianza de otros. V.26-27.

5. Hay cosas que se dicen de la autoridad que deben hacer enojar mucho al que las escucha. V.28-30.

6. Hay que advertir cuando alguien alborota a la gente poniéndola en contra de la autoridad. V.31.

7. A los problemas hay que presentarles solución. V.32-33.

8. Hay peligros que algunos no quieren que sean vistos como lo que son. V.34-36.

9. Lo que uno dice se vuelve en contra. V.37-38.

10. Solo es cuestión de tiempo el ver cómo Dios hace pagar por los crímenes que se cometen. V.39-56.

Reflexión

"Hay algunos que no quieren que veas
a los peligros como lo que son."

No ver el peligro es un gran peligro. Nadie gana una carrera cuando el copiloto ignora las señales de riesgo. Siempre es peligroso andar por el camino con alguien sentado al lado que da información falsa o distorsionada.

La confianza mata al hombre cuando el depositario de ella se vuelve en contra. Muchos reyes, empresarios, líderes y seres sin autoridad formal, perdieron todo por creer que los peligros que advertían eran "cosas de ellos." Por hacer caso a los malos consejeros, hubo reyes que se pusieron la soga al cuello.

Como líder debo ocuparme de ver bien. Como persona que tiene la responsabilidad de decir a las personas "síganme", se me exige ver con claridad los peligros que se vienen o están acechando en lo oculto. La gente siempre respeta al que es experto en detectar peligros a tiempo. Menosprecia de manera creciente al baqueano que presenta siempre excusas por no ver lo que debía ver. Es que patear piedras por haber confiado en el que dijo que no había obstáculos en el camino, siempre duele el doble.

El enemigo, sea declarado u oculto detrás de una falsa relación de amistad, desea que me vaya mal. Por eso tratará por diversos medios que no vea a los peligros en su real dimensión. Su ambición máxima es que yo crea lo que él dice: "No tengas miedo a lo que son solo sombras." Le sobran ejemplos para saber que las personas que son sorprendidas por los peligros, en su arrebato por hacer algo, van a cometer errores. Y algunas de esas decisiones erróneas serán los salvavidas de plomo que los hundirán. Por ello debo reaccionar muy seriamente cuando alguien de mi confianza, a lo malo lo llama bueno; cuando deforma principios espirituales que están claros en la Biblia. Si la sabiduría se halla en buenos consejeros, la necedad con todas sus consecuencias se hace presente cuando se escuchan malos consejos.

Mi Oración

"Sigue incrementando mi capacidad de identificar peligros. Aumenta la cantidad de verdaderos amigos tuyos que me sirvan de 'abre ojos' ante peligros que no llego a ver."

Esto dicen las Escrituras

"Yo no me voy a quedar callado cuando alguien te ataque sin razón. Voy a castigarlo donde más le duela. Voy a apretarlo hasta ahogarlo al que mienta contra ti. Voy a tratarte bien porque soy un Dios bondadoso. Por lo tanto, no te parezcas a una mariposa sacudida por el viento." *Salmos 109:1-3, 19-21 y 23.*

Marcos 12:12-17

1. Los enemigos no se olvidan de los que son un peligro para sus intereses. V.12-13.

2. Hay que tener cuidado con las zalamerías del opositor. V.14.

3. Hay que saber quién es quién. V.15.a.

4. Hay preguntas que son trampas ocultas. V.15.b.

5. Hay que ser hábil para utilizar lo que haya a mano. V.15.c.-17.

6. Hay formas de responder que causan asombro. V.17.b.

Reflexión

"Debes saber quién es quién."

La hipocresía es siempre señal de cobardía, porque la persona no se anima a ser lo que realmente es, no dice lo que verdaderamente desea expresar, no hace lo que anhela hacer. Por diversas razones se autoconvence de que es mejor ponerse una máscara, como en los carnavales. Es que el precio de ser auténtico, en una sociedad acostumbrada al engaño, es alto.

Uno juega a ser lo que el disfraz representa. Como los actores del teatro griego, uno exteriormente tiene una sonrisa enorme, mientras, debajo de la máscara caen grandes lágrimas de dolor. Una gran mayoría de los inmaduros transitan sus vidas poniéndose diferentes máscaras según la ocasión y las personas que tienen al frente. Mi tarea como líder es ser persona que califica como honesto, pero al mismo tiempo, que es capaz de discernir qué es piel y que es cartón pintado en los seguidores. Hay que saber qué sonrisa es de plástico, qué lágrimas son de cocodrilo, qué beso viene de un moderno Judas.

Con el tiempo se ha perfeccionado el arte de hacer máscaras. Cualquier maquillador y experto en el arte de la imitación puede hacernos creer que una persona es el presidente de turno. Con la experiencia que da el tratar con la hipocresía, me puedo ver tentado a utilizar ese conocimiento para ocultar mi realidad con máscaras que casi son a prueba de detectores de falsedades. Cuando esa tentación se presente debo recordar dos cosas: La hipocresía siempre tiene los días contados porque nada que está oculto deja de salir a la luz. Y, Dios ve lo externo y simultáneamente ve lo interno. Él ve lo que nadie ve.

Como Jesús, debo saber cuándo es el tiempo apropiado para denunciar la presencia de actitudes y personas hipócritas. Hay tiempos y tiempos para sacar las máscaras que otro lleva puestas. Pero aguardar pacientemente el mejor momento para confrontar al falso, no implica ser ciego o miope a la realidad peligrosa que significa convivir con uno que no es lo que dice ser. El hipócrita es un traidor en potencia. El amigo es lo que es porque se siente libre, está convencido que se lo respeta y quiere aunque tenga fallas, yerros, etc. La ausencia de presión para aparentar, lo lleva a la autenticidad creciente en el tiempo.

Mi Oración

"Incrementa mi nivel de autenticidad. Hazme recordar los efectos colaterales que se producen en uno y en los otros cuando se caen las máscaras."

Esto dicen las Escrituras

"Los malvados y orgullosos ofenden y lastiman. Tras sus palabras esconden sus malas intenciones. Ellos piensan que yo escondo mi cara para no ver lo que pasa." Salmo 10:2, 7 y 11.

Mateo 24:45-51

1. Hay que tener parámetros claros para definir quién sirve de manera responsable y atenta. V.45.a.

2. Uno sólo confía lo que ama, a quien sirve de manera responsable y atenta. V.45.b.

3. Hay felicidad cuando uno es hallado en obediencia. V.46.

4. Para cuidar lo más importante, se accede por lo de menor jerarquía. V.47.

5. El carácter malo engendra malos pensamientos y actitudes hacia los compañeros. V.48-49.

Reflexión

"Si quieres cuidar lo más importante, valora el acceso a lo de menor jerarquía."

En el liderazgo hay que aprender a discernir lo que es importante para el que está al frente. Errar en valorar lo que para el otro es valioso, puede conducir a que "puertas entornadas" se cierren definitivamente. Ser fiel en lo mucho, comienza por ser fiel en lo poco. Y lo que suena a "poco" para algunos, es lo más importante para otros. Así sucede con el cambio de pañales del hijo del rey. Para alguien inmaduro en el liderazgo puede sonar a "tarea de mucama." Pero para el que tiene visión de águila, la ve como una señal clara del grado de confianza depositada y de las "puertas abiertas" que se disponen si uno sabe esperar la llegada de los tiempos oportunos.

En el liderazgo espiritual hay que aprender a jerarquizar los bienes, los títulos, las recompensas. Muchos por el brillo de las monedas de oro, de los números de los billetes, prefieren servir fielmente, comprometidamente al que tiene la llave de la caja fuerte. Pero por elegir esa opción se pierden definitivamente el escuchar del que es el único y verdadero dueño de todo el oro del mundo: "Bien, siervo fiel. Por tu pensar en mis intereses y no en los tuyos, ven y goza de mi amistad eterna." Escuchar esas palabras depende si sé cuidar de manera responsable y atenta lo que es importante para el Rey de reyes. Yerro en eso y voy a llorar cuando vea que las orugas y las polillas se comieron los billetes de mil euros.

El problema de rechazar o cuidar con desgano a los pañales, surge de la "sobreimportancia" que se le da a los eventos en lugar de los procesos. El evento de tener la llave de la caja fuerte, para muchos es muchísimo más importante que ver el color de la caca del pañal del hijo del rey. Y ese error le puede costar muy caro a mediano y largo plazo. Por no percibir que si hoy estoy atento a cualquier color extraño que denuncie algo que no anda bien en el bebe del rey, me voy a perder el final del proceso de confianza desatado que culmina cuando el rey me elije para cambiarle, como amigo, el pañal geriátrico en su última etapa de vida. Muchos procesos de mayor responsabilidad en el liderazgo se han abortado por elegir equivocadamente un evento sobre otro.

Mi Oración

"Dame la capacidad de valorar lo que Tú valoras. Que las necesidades emocionales de mi parte inmadura no me induzcan a elegir lo que para ti es menos importante."

Esto dicen las Escrituras

"He puesto delante de ti dos canastas de higos. En una hay higos muy buenos y en la otra canasta sólo hay higos podridos. Están tan malos que no se pueden comer. Te pregunto: ¿Qué es lo que ves?" Jeremías 24:2-3.

Números 9:1-23

1. Debo estar preparado para períodos largos donde Dios no de nuevas instrucciones. V.1.

2. Tengo que asegurarme de seguir todas y cada una de las ordenanzas que recibo acerca de un asunto específico. V.2-3.

3. No tengo que dar respuestas a problemas difíciles sin antes consultar a mi autoridad superior. V.4-8.

4. Lo que excluye no son las circunstancias, sino la actitud. V.9-14.

5. Si hago lo que Dios pide habrá señales de que su presencia me cubre. V. 15.-16.

6. Si quiero que Dios me indique a dónde ir, debo estar dispuesto a la incertidumbre, a los cambios no previstos, a lo inesperado. V.17-23.

Reflexión

*"No excluyas por las circunstancias
sino por la actitud."*

Segregar es una actitud que tiene su origen en Dios. Él no acepta a cualquiera a comer en su mesa o entrar en su casa.

El Diablo ha trabajado arduamente para imponer una mentira: Todos tienen los mismos derechos. Las consecuencias de haber aceptado ese principio es lo que dice la letra del tango: "Da lo mismo el que trabaja, que el que roba, mata o está fuera de la ley. Los inmorales nos han igualado." En vez de generar un crecimiento en los valores, ellos se han diluido; se ha nivelado para abajo en cualquiera de los ítems que uno quiera utilizar para medir a la gente con los parámetros de la Biblia.

Mi liderazgo se verá afectado en cuanto a la presencia de Dios, por la gente que acepto que me acompañe. A mayor calidad de vida espiritual en mi equipo, mayor presencia de Dios en mi campamento.

Los criterios que utilizo para admitir la inclusión en mi equipo, determina el número de acompañantes. Si existen pocas exigencias, muchos acompañantes. Si las exigencias son muchas y altas, pocos acompañantes. Y eso a su vez define el reconocimiento que recibiré en la institución a la cual pertenezco. Si tengo pocos y buenos, eso genera una opinión en los de afuera. Si tengo muchos con apariencia de buenos, otra. Está claro lo que opinan si tengo pocos y malos. Lo que no es claro es cuando tengo muchos mediocres que son productivos y externamente pasan por buenos y muy pocos que realmente son buenos según los criterios de Dios.

Por último, el por qué admito o excluyo es muy importante a la hora de formar un buen o mal equipo. Puedo hacerlo por lo que captan mis sentidos, o sea, los hechos puntuales, las circunstancias. O por los valores que se manifiestan por las actitudes diarias sostenibles en el tiempo. Siempre debo recordar que Dios ve lo que no ven los hombres. Sus criterios a la hora de escoger a alguien están basados en el respeto a los valores y no en lo exterior y formal.

Mi Oración

"Aumenta mi capacidad de admitir y alegrarme de tener a mi lado a la gente que Tú amas, aunque ellos sean descarte para otros."

Esto dicen las Escrituras

"Los que tercamente se niegan a escucharme, siguen sus propios deseos y rinden culto, son como calzoncillo podrido y deshecho. No sirven para nada." Jeremías 13:6-10.

Salmo 75:1-10

1. Si estoy cerca de alguien, eso me dará motivos para hablar de ella. V.1.

2. Debo poner fechas para hacer lo que he decidido hacer. V.2.

3. Lo que permite afrontar temblores, son las bases firmes. V.3.

4. Hay cosas muy concretas que debo mandar, ordenar. V.4-5.

5. Los elogios que valen, deben venir de Dios y no de cualquier otra parte. V.6-7.a.

6. Se puede dar, pero también quitar. Lo que se da se puede quitar. V.7.b.

7. Cuando se pierde la paciencia, se da rienda suelta al enojo. V.8.

8. El poder aumenta o se acaba. V.9-10.

Reflexión

"Si estás cerca de alguien, eso te dará motivos para hablar."

Lo que uno habla acerca de alguien está afectado por el grado de cercanía emocional que uno posee. Cuando las relaciones son profundas y prolongadas en el tiempo, tengo mucho de qué hablar. Si lo que digo es poco, básico, de dominio público, es señal de que mi relación es muy superficial.

La falta de información acerca de alguien se suele suplir equivocadamente. Se acepta lo que otro dice o se inventa. Estas dos fuentes son muy peligrosas para el fortalecimiento de cualquier tipo de relaciones. Lo que determina el surgimiento del deseo de conocer más a alguien o de no querer saber más nada de ella, siempre debe ser la abundante "información de primera mano" que poseo. Hasta las fuentes confiables a veces no son confiables.

Existe una relación directa entre las referencias diarias que hago acerca de Dios y mi relación con su persona. Cuanto más cercanía experimento con Él, más hablaré de su persona, de su obrar, de cómo se afectan sus emociones, de lo que me dijo, etc. Lo inverso también es verdad. La ausencia o las menciones esporádicas de lo que hace y me dice, es señal de que estamos medios distanciados.

Cuando estar muy cerca de alguien es fuente de alegría, los elogios pueden sonar a exageraciones en los oídos del que no experimenta ese nivel de contacto. Pero también esas palabras de exaltación del otro, pueden ser fuentes de envidia por no tener esa vivencia. Los que están cerca de mí, siempre quieren recibir la admiración que el otro tiene. De allí la importancia de ser un buen administrador y estratega de las palabras de elogio que pronuncio.

Las palabras de elogio tienen un gran poder de atracción. El miedo al qué dirán si expreso lo que siento ante la cercanía de alguien muy querido, a veces produce que las "distancias cortas" se transformen poco a poco en "largas." La ausencia de palabras de elogio al que está cerca, lo impulsa a alejarse. Y por lo contrario, el comenzar a elogiar al que está lejos, va a producir progresivamente un deseo de acercase poco a poco.

Mi Oración

"Que mi cercanía contigo y con los que amo, sea cada vez más profunda. Saca los frenos que a veces me pongo o me ponen para impedir hablar de lo que pasa entre Tú y yo."

Esto dicen las Escrituras

"Te quiero mucho." Daniel 9:23.

Zacarías 10:1-12

1. Las épocas donde hay "sequías," son las mejores para pedirme lluvia. V.1.

2. El que anda perdido es porque no me ha escuchado a mí. V.2.

3. Yo mismo los estoy cuidando. V.3.a.

4. Si ahora son un "rebaño" de ovejas, pronto voy a convertirlos en "briosos/as caballos/yeguas de batalla. V.3.b.

5. El apoyo a mi pueblo vendrá de los grandes jefes que saldrán del rebaño. Estos "grandes jefes" serán como "estaca de tienda," como "arco para lanzar flechas," como la "piedra principal," de un edificio. V.4.

6. Los veo como soldados valientes en medio del lodo. V.5.

7. Están luchando contra soldados de a caballo pero como yo estoy con ustedes, ganan las batallas. V.5.b.

8. Cuando tus hijos vean tu alegría, también se llenarán de alegría porque verán lo que yo haré con ellos. V.7.c.

Reflexión

"Que tus hijos vean tu alegría."

La paternidad espiritual, como la amistad, tienen el poder de transferir, contagiar, transformar a los que disfrutan estas relaciones. Por eso, dime con quién andas y te diré quién eres, pero también podré explicarte por qué dejaste de ser quien eras. Y no hace falta ser profeta para visualizar quién serás si no cortas con algunas de esas relaciones o cuidas más a las que tienes.

La autenticidad es el ingrediente fundamental para vivir feliz. Nadie cree en la sonrisa pintada de un payaso. Por eso "amar y ser feliz," es otra forma de definir lo que es la libertad. Cuando no se puede cantar en medio de las cárceles injustas, elaborar bellas oraciones con melodías en medio del trabajo arduo de esclavo que junta algodón para el amo; entonces solo hay lamentos fúnebres y ya todos saben: a la fiesta todos quieren ir para tener aunque más no sea unas horas de alegría. Nadie es más desubicado que uno que se la pasa llorando en un casamiento. Por lo contrario, a los velorios que inevitablemente tenemos que ir, uno va con la esperanza de encontrar en medio de los que lloran, alguien que dé algo de consuelo o al menos, se largue un cuento que ponga una sonrisa fresca en medio de las lágrimas. Por ello, como líder tengo la responsabilidad de cuidar mis emociones buscando siempre el lado bueno de todo lo que me pase. Una gota de humor muchas veces ayuda a soportar el aguacero. Llorar con los que lloran es el mandamiento, pero si luego de aumentar un par de metros el nivel del agua en el piso, logramos una micro cápsula de humor que nos haga reír a los que tenemos los ojos rojos, no hemos pecado.

La generosidad se demuestra por la cantidad y calidad de lo que uno comparte. Por lo tanto, debo compartir con mis amados todo lo que me alegra. El compartir es el cemento sobre el cual se forjan las relaciones. Y aunque es verdad que podemos olvidar con quién hemos reído, nunca olvidamos con quién hemos llorado. Solo puedo sentirme libre de llorar con quien, de una manera previa y continua he sentido la alegría de estar a su lado.

La melancolía permanente, la formalidad que nunca desaparece, el malhumor a toda hora, la inexpresividad, etc., son como los espirales: ahuyentan a los "ángeles mosquitos" que quieren pinchar el globo del desánimo. Por más que uno tenga "buena onda", termina huyendo de los que son "mala onda."

Mi Oración

"Gracias por las personas que me regalaste, que aumentan de forma diaria mi alegría de vivir para ti."

Esto dicen las Escrituras

"Grande es la alegría de los que se admiran por las maravillas que he realizado. Ellas te alegran porque demuestran que soy contigo tierno y bondadoso." Salmo 111:2 y 3.

Zacarías 11:4-14

1. Hay que cuidar lo que está destinado a morir. V.4.

2. Hay propietarios que no tienen compasión de lo que compran. V.5.a.

3. Hay propietarios que solo les interesa hacerse ricos. V.5.b.

4. Hay propietarios que no tienen compasión de lo que enajenan. V.5.c.

5. Hay espacio para compartir los sentimientos profundos de enojo que uno tiene. V.9.

Reflexión

"Hay espacio para compartir los sentimientos profundos de enojo que tienes guardado."

La injusticia, la maldad, la ingratitud, la desobediencia, son actitudes que no solo entristecen a Dios sino que lo van haciendo enojar hasta el punto en que el enojo se transforma en ira santa. Cuando la "presión emocional" divina llega a niveles altos, el creador de las emociones las descarga de diferentes formas. La más leve, según los relatos de la Biblia es la ironía. De allí en más, puede desde pegar patadas a la mesa o enviar a ejércitos para destruir a la ciudad de Jerusalén. Hubo momentos en que los profundos enojos que tenía Dios solo se calmaron cuando decenas de miles de "ovejas desleales y descarriadas por la idolatría" fueron muertas de diferentes formas. Eso implica que el ser paciente con el desobediente, el rebelde, etc., tiene un límite. O sea que hay que aprender a enojarse sin pecar.

Los extremos siempre son malos. Ser sólo pastor es algo peligroso para las ovejas. También ellas necesitan al profeta que denuncia que son ovejas que, si siguen apartándose del rebaño, van a ser comidas por el lobo. Y si persisten, el buen pastor, como un padre con su hijo, prefiere quebrarle alguna pata antes de seguir esperando que obedezcan a lo que mil veces han oído pero no han obedecido. Porque Dios me ama mucho me ha disciplinado en el pasado y lo volverá a hacer todas las veces que mi inmadurez espiritual lo demande. Pero como Juez, en cualquier momento hace realidad lo que ha dicho que hará: Pronunciará las terribles palabras... "apártense eternamente de mí, hacedores de maldad."

En el liderazgo espiritual uno aprende a morderse los labios ante lo que ve hacer a los inmaduros. Recordando lo que uno era en el pasado y lo que es en la profundidad del ser, uno siempre da nuevas oportunidades para el cambio. Por otro lado, a uno lo marcan aquellas reacciones que se produjeron en el entorno cuando, hartos de aguantar, estallamos de manera impropia. También como una deformación de la milla extra, de ser mansos y pacientes, uno se muerde los labios hasta el punto de hacerlos sangrar. Y eso que parece tan espiritual, en realidad no es nada espiritual. Por eso, los que no saben trazar la línea del "aguante," del no decir nada, etc., terminan teniendo problemas de úlceras sangrantes o de hemorroides. Y la Biblia es clara en que el deseo profundo de Dios es que yo sea sano y no uno que, por ser políticamente correcto, ande pateando gatos o paredes cuando nadie me ve.

Mi Oración

"Que la forma de compartir mis enojos siga siendo perfeccionada hasta que se parezca muchísimo a la tuya."

Esto dicen las Escrituras

Les rompí los dientes, hice que los pisotearan como a la hierba del camino. Los derretí como si fueran hielo. Ardieron como espinos. Los enemigos se pusieron muy contentos al poder empaparse los pies en la sangre de esos malvados. Salmos 58:6-8 y 10.

1 Crónicas 13:1-14

1. Ante las grandes decisiones, siempre es bueno consultar a los que son "jefes." V.1.

2. Hay que tener claridad sobre los tiempos en que "nos olvidamos" de cosas importantes. V.2.

3. Hay dos condiciones necesarias para, por lo general, ejecutar una cosa: que sea la voluntad de Dios y que a los consejeros les parezca bien. V.3.a.

4. El miedo es bueno para inducir a dar marcha atrás con algunas decisiones. V.12-13.

Reflexión

"Tus miedos son buenos para inducirte a dar marcha atrás con algunas decisiones."

Hasta el más valiente domador de leones decide no entrar a la jaula cuando siente miedo de una fiera que está loca por un dolor de muelas. El miedo no solo paraliza y detiene, sino que induce a, muchas veces, dar marcha atrás con algunas decisiones que parecían muy firmes.

La madurez espiritual se incrementa a medida que uno adquiere mayor capacidad de enfrentar apropiadamente los miedos naturales que surgen ante desafíos de fe cada vez más grandes. El carácter se robustece cuando el miedo a no poder vencer tentaciones grandes como Cordilleras de los Andes, desaparece al hacerse presente la victoria ante ellas. Sólo se llega a la cima si uno no pone la marcha atrás.

Retroceder cuando uno debe sí o sí ir cuesta arriba en el liderazgo, siempre va a ser peligroso. Nadie confía el volante a uno que decide, ante lo empinado del camino, poner reversa y apretar el acelerador por causa de sus miedos.

Los miedos propios o ajenos son buenos para templar a las personas. Un equipo gana las alturas cuando todos y cada uno de los que lo integran, saben mantener las decisiones a pesar de sus miedos. Y por lo contrario, se debilita a medida que las circunstancias van produciendo el abandono de lo que ayer eran decisiones firmes. Como líder siempre voy a ser afectado cuando borro con el codo lo que escribí con la mano. De allí la importancia de contar con buenos mentores consejeros a la hora de pensar en no seguir adelante con una decisión hecha pública.

La soledad es mala compañía en el liderazgo. Pero se convierte en verduga de la confianza cuando se toman malas decisiones. El nivel de influencia disminuye rápidamente cuando los seguidores verifican que hoy un líder anuncia que se anula lo que ayer se consensuó laboriosamente. Pero también a muchas puertas abiertas, uno mismo se las cierra cuando toma decisiones trascendentes que solo fueron consultadas con la almohada.

Mi Oración

"Gracias por que no solo te tengo a Ti para consultarte y compartir mis miedos. Mis mentores y amigos son un inmenso gesto de amor tuyo porque ellos me ayudan a tomar buenísimas decisiones."

Esto dicen las Escrituras

"Dios, yo te bendigo por los consejos que me das. Tus enseñanzas me guían en las noches más oscuras. Como Tú estás a mi lado, nada me hará caer. Por eso estoy muy contento, por eso me siento muy feliz, por eso vivo confiado." Salmo 16: 7-9.

1 Reyes 1:11-53

1. Hay decisiones que son inducidas muy inteligentemente. V.11-27.

2. Hay decisiones que si no se toman a tiempo, luego provocan muerte. V.27.

3. Uno debe cumplir las promesas que hace. V.28-30.

4. Hay que demostrar agradecimiento y respeto cuando se logra lo que uno quiere. V.31.

5. Las decisiones deben ser respaldadas desde lo formal. V.32-40.

6. Hay acontecimientos que causan tanta alegría que parece que la tierra se va a partir por el ruido que se hace en el festejo. V.40.

7. Hay noticias que no son buenas.V.41-48.

8. Hay reacciones comunes a las malas noticias: una de ellas es asustarse y salir huyendo. V.49.

9. Cuando uno está asustado y huye se agarra a lo que cree que lo puede salvar. V.50-51.

10. Si alguien se comporta bien, no pasa nada. Pero si se actúa con maldad, uno se muere.V.52.

11. Hay que dar oportunidad al que la pide. V.53.

Reflexión

"Hay decisiones que deben ser inducidas muy inteligentemente."

Para el que no es líder, la toma de decisiones le parece fácil. Él piensa que con solo tener el sartén por el mango se logra hacer una tortilla. Pero esa falsa idea se evapora apenas uno comienza a crecer en el ejercicio del liderazgo. Y a medida que uno asciende, el nivel de complejidad a la hora de optar se incrementa. Las variables a considerar se multiplican en forma directa al tamaño del poder de influencia que se dispone. De allí que un buen líder, posterga algunas decisiones todo lo que puede.

Los tiempos en que uno patea hacia adelante la toma de decisiones tienen los días contados cuando las circunstancias entran a tallar fuerte. Cuando los intereses de algunos o de todos se ven afectados a niveles altos, se ponen en marcha mecanismos ocultos que tienen el objetivo de inducir a que se tomen las decisiones postergadas. Y es ahí donde se mide la calidad del liderazgo que uno posee.

El líder débil es inducido a tomar las decisiones que han tomado otros. El líder fuerte ve en los argumentos y soluciones que aportan los interesados la señal clara de que el tiempo esperado ha llegado para ejecutar lo que ya era decisión tomada en la mente.

Como líder que es liderado, debo saber que toda decisión postergada va a generar movimientos ocultos en los que son afectados por la no toma de decisión. Es que no tomar decisión es, en sí, siempre en el fondo una decisión.

Cuando mi líder superior es reacio a expresar definiciones, debo ser muy inteligente a la hora de esperar pacientemente las circunstancias que lo pongan entre la espada y la pared. Esos son los momentos ideales para aplicar inteligentemente inducciones que lo lleven a decidir lo que creo que debe ser hecho. Si yerro a los tiempos, las formas y los aliados, voy a lograr lo contrario a lo que deseo.

Mi Oración

"Incrementa mi capacidad de discernir los tiempos tuyos, de mis líderes superiores y de mis seguidores."

Esto dicen las Escrituras

"Expresa tus ideas con la mayor inteligencia." Salmo 49:3. (BPT)

1 Tesalonicenses 2:17-3:10

1. La separación debe engendrar el recordar con cariño y el deseo de volverse a ver. V.17.

2. Hay visitas que son impedidas por Satanás. V.18.

3. El motivo de la alegría y del orgullo deben ser los discípulos. V.19-20.

4. Hay un límite para resistir las ganas de saber sobre alguien que se halla lejos. V.1.a.

5. Uno a veces escoge quedarse, sólo por amor. V.1.b.

6. Si no se puede personalmente, hay que enviar a un sustituto. V.2.a.

7. El Diablo trabaja para hacer caer a los discípulos en sus trampas. V.5.a.

Reflexión

"El Diablo trabaja para hacer caer a tus discípulos en sus trampas."

Sobran los ejemplos en la historia de cómo grandes generales cayeron en la trampa de sus enemigos. El buen cazador sabe que a cada bicho se lo caza con la trampa apropiada. No existen las trampas universales.

El Diablo es un trampero con mucha experiencia acumulada en eso de hacer caer a los que dan pruebas de que tienen inmensa fidelidad y amor al único Dios que existe. Nada enardece más su deseo de cazar que ver que un ser humano ama con ternura a su enemigo. Cuando identifica a un discípulo que sólo quiere servir por amor, pone toda su experiencia en armar trampas específicas para cazarlo.

Un mal líder de multitudes vive su éxito despreocupado por el destino de sus seguidores. La ausencia de oraciones fervientes pidiendo protección divina por los discípulos, es señal de que ha comenzado a crecer el sentimiento de autosuficiencia, de egoísmo. De autosuficiencia porque el que deja de tener temor por el enemigo, piensa que a él o a sus seguidores no le va a pasar, que si sucede va a poder desarmar a tiempo la trampa, etc. De egoísmo, porque de tanto pensar en sus intereses y necesidades como "líder superior," se olvida de todas las trampas y minas que estuvo a punto de pisar o que directamente le estallaron en su vida.

Las trampas siempre están ocultas. Y aunque hay lugares que son más apropiados que otros, todo espacio y tiempo son buenos para hacer caer a una presa. El buen cazador se caracteriza por su habilidad en saber dónde y cuándo le conviene estratégicamente colocar la trampa. Hay trampas que se diseñan y comienzan a colocar con mucha anticipación y en los lugares que la presa menos espera. De allí el dicho que afirma que hay que tener cuidado de no dormir con el enemigo.

El inmaduro minimiza el peligro que implica que un trampero viejo haya puesto la vista en él. Un mal mentor deja de recordar que hay que estar siempre alerta porque el lobo anda rondando buscando a quien devorar.

Si uno cae en una trampa no hay que perder tiempo en lamentarse. Solo hay que concentrarse en pedir ayuda para desactivarla. Hay trampas que han sido creadas para que si la presa intenta liberarse por sí misma, lo único que se logrará es quedar más atrapado. Así se pescan los tiburones. El trampero viejo sabe que a mayor lucha individual, mayor nivel de penetración del anzuelo.

Mi Oración

"Dame humildad para vivir clamándote por sabiduría y revelación de las trampas que el enemigo me pone para desviarme del propósito que Tú tienes conmigo. Y si caigo en la trampa, fuerzas para pedir a gritos ayuda a mis amigos."

Esto dicen las Escrituras

"Los que caen en las trampas de Satanás son tentados a hacer cosas tontas y perjudiciales, que terminan por destruirlos completamente." 1 Timoteo 6:9-10.

2 Crónicas 30: 1-27 (Dios habla Hoy)

1. A la hora de invitar, hay que intentar ser muy inclusivos. V.1.

2. Hay decisiones que conviene consultar en forma amplia. V.2.

3. Siempre pueden presentarse razones para no poder ejecutar algo que debe ser ejecutado. V.3.

4. Las propuestas que tienen consenso hay que hacerlas circular. V.4-5.a.

5. Hay celebraciones que no logran en una primera instancia mucha asistencia. V.5.b.

6. El pasado debe hacer desaparecer la terquedad. V.6-9.

7. Ante algunas palabras o propuestas puede haber gente que reaccione con risas y burlas. V.10.

8. Dios está moviendo a la gente para que esté de acuerdo con algunas propuestas. V.11-12.

9. Hay acciones concretas que demuestran la aceptación de una propuesta. V.13-21.

10. Hay que felicitar a los que demuestran excelentes disposiciones para el servicio. V.22.a.

11. Hay fiestas que dan ganas de prolongar. V.22.b.-26.

12. Hay oraciones que llegan hasta el lugar donde el Dios santo reside. V.27.

Reflexión

"El pasado debe hacer desaparecer tu terquedad."

La frase que dice "el pasado pisado," tiene su lado bueno cuando se trata de lidiar con los sentidos de culpa. En ese caso, sí debe funcionar eso de "borrón y cuenta nueva." Pero es mala consejera cuando el pasado se convierte en aliado de un fiscal que afirma: "este siempre tropieza con la misma piedra, comete los mismos errores, es un terco que no cambia más."

El pasado debe servir para hacerme menos "cabeza dura." Las lecciones aprendidas de los errores, de las malas decisiones del pasado, deben hacerme más prudente, más obediente, más sabio. El necio cae en los mismos pozos, se mete en los mismos líos, es atrapado por las mismas trampas.

Insistir en los mismos caminos que solo conducen al dolor, a la pérdida de tiempo, dinero y oportunidades, es como una lima aplicada a mi liderazgo. Mi crecimiento depende del incremento de la capacidad de aprender de los errores que cometo. No se trata de no errar, se trata de no insistir en el mismo error. En ese sentido, el pasado es una excelente goma que borra el deseo de volver a cometer tercamente el mismo error. Por ello mis historias dolorosas deben convertirse en señales de alarmas que me alerten de las consecuencias que ya viví, cuando tome ciertas decisiones.

El liderazgo superior y los seguidores, siempre valoran cuando alguien extrae del pasado cosas buenas. La humidad consiste en reconocer que uno no lo sabe todo, no lo tiene todo, no lo puede todo. Pero también incluye el saber que nadie es perfecto, que todos cometimos, cometemos y cometeremos errores. De allí la importancia de aplicar sabiduría a la hora de "ir a la cantera de errores del pasado" para ilustrar, frente a un seguidor terco, las consecuencias que personalmente sufrí cuando insistí en "hacer la mía."

Mi Oración

"Gracias porque me ayudaste a dejar de patear algunas piedras de forma repetida."

Esto dicen las Escrituras

"Quiero enseñarte el camino que debes seguir y lo que debes hacer. Aunque te disguste mi respuesta, obedece." Jeremías 42:3 y 6. (Dios habla Hoy).

───────── *2 Juan* ─────────

1. Hay que tener la libertad de decir: "Te amo." V.1.a.

2. El conocer la verdad es lo que permite amar. V.1.b-2.

3. Ser buenos y tratar bien son muy buenos motivos de oración. V.3.a.

4. Debe haber abundancia de verdad y amor. V.3.b.

5. Hay cosas que es preferible no decirlas por escrito, sino personalmente. V.12.a.

Reflexión

"Hay cosas que es preferible que no las digas por escrito, sino personalmente."

Lo escrito, escrito está. Siempre habrá excusas para explicar lo que figura escrito, pero es imposible negar la existencia de lo que cualquiera lee. De allí la importancia de discernir qué conviene registrar por escrito y qué cosas solo deben ser dichas personalmente.

Hay realidades que como líder, me conviene expresarlas solamente en forma verbal y nunca por escrito. En muchas circunstancias, lo que se dice con los labios tiene muchas ventajas sobre lo escrito. No es lo mismo declararse enamorado en "vivo y en directo" que por Facebook. Bajo un farol de la plaza o a la orilla del río; la vista, el oír los pajaritos o el agua, el sentir el calor de la piel del receptor o receptora de la declaración, y hasta el perfume que se huele, aportan más que un "me gusta" de Face.

De igual modo, las emociones alteradas suelen inducir a escribir cosas que luego uno quiere borrarlas. Es casi una ley en el liderazgo el no escribir cuando uno está molesto, enojado, furioso con alguien. El enemigo o rebelde siempre va a usar a su favor lo que está mal y en ese sentido, escribir algo de lo que uno siempre va a arrepentirse, pedir perdón, si lo dice, se convierte en una arma formidable para el origen de la bronca.

Las palabras escritas son como espadas filosas que se vuelven aliadas o enemigas del que escribe. Lo escrito suele ser una excelente base para la defensa, pero en muchas otras oportunidades son herramientas para el acusador.

La expresión del amor excepcionalmente debe utilizar lo escrito. Siempre en el estar juntos se van produciendo momentos para decirle al acompañante del camino, cosas bonitas que produce el amor mutuo. Aunque quedó registrado que Dios me ama desde la eternidad, me hace mucho bien el oír cada mañana que me ama, que soy su especial tesoro, que le alegro el día, etc. Lo mismo necesitan mis discípulos, mi esposa, mis hijos, mis nietos, mis amigos, mis empleados, mis jefes.

Muchos poemas son el producto de la imposibilidad de decir lo que no se dijo, cuando hubo tiempo y oportunidades de decirlas personalmente. Nadie aplaude a un hijo que pone en el cajón de su madre una carta con todas las palabras dulces que nunca se las dijo en vida. Por ello, mientras haya vida, hay que decir lo que uno siente al que ama.

Mi Oración

"Dame la capacidad de expresar verbalmente lo que siento."

Esto dicen las Escrituras

"Si los enemigos no se enteran de lo que dices, no te van a molestar." Jeremías 38:27.

Abdías 1:10-15

1. El trato violento trae consecuencias graves. V.10.

2. El no hacer nada para impedir un daño, trae consecuencias. V.11.

3. El alegrarse por el sufrimiento del hermano, el burlarse ante el angustiado, trae consecuencias. V.12.

4. Apropiarse de lo que pertenece al que no puede defenderse, trae consecuencias. V.13.

5. El acechar al que huye, trae consecuencias. 14.a.

6. Entregar en manos del enemigo al que ya no sabe qué hacer, trae consecuencias. V.14.b.

7. Voy a recibir el mismo trato que doy a otros. V.15.

Reflexión

"Vas a recibir el mismo trato que das a otros."

La desgracia ajena debe generar acciones positivas en mi liderazgo. La indiferencia y peor aún, el ser agente que aumente el dolor del que está sometido a desgracias, acarrea graves consecuencias para mi vida.

Ante el dolor ajeno puedo ser indiferente, aplaudidor o ayudador. Las dos primeras son siembras que darán cosecha de la misma especie en el futuro: cuando esté en situaciones de dolor, aumentará mi sufrimiento al ver la indiferencia o la alegría que la gente cercana va a tener. Si soy compasivo, alguien tendrá misericordia de mi sufrimiento. De una u otra forma voy a recibir el mismo trato que doy al que está sufriendo.

Mi pasividad ante la desgracia cuenta lo mismo que las acciones concretas que puedo llegar a realizar para que se haga realidad eso de que "el que las hace... las paga." La venganza en mano propia puede tomar la forma de "dejar que el otro reciba el justo pago por lo que hizo." Mirar sin decir nada mientras el otro se "cocina en su propia salsa" es lo mismo que "echarle nafta al que tiene la ropa ardiendo."

Como líder formador de discípulos de Jesús, debo estar al lado del que sufre desgracias para ser instrumento de consolación, de provisión, de defensa, etc. Cada desgracia ajena debe convertirse en una oportunidad para demostrar cómo es la misericordia de Dios.

Por otro lado, el acompañamiento del que sufre las consecuencias de sus malas decisiones, me puede convertir en un agente de liberación del que sufre. El dolor muchas veces es mejor maestro que las palabras. Como líder me seguirá emocionando cuando el que sufre decide romper con lo que lo llevó al sufrimiento.

Por último, a medida que se aproxime el final, Dios incrementará sus juicios sobre el que hace lo malo. Cada vez será más evidente de que "el que las hace... las paga". Eso implica que los primeros que comprobarán esa realidad son los que, como yo, estamos dentro del Reino. El juicio siempre empieza por la casa. De allí la importancia de hacer con los otros lo que me gustaría que, en iguales circunstancias, hicieran conmigo. Eso y decir que la ley de la siembra y cosecha funciona, es lo mismo.

Mi Oración

"Quita cualquier sentimiento y pensamiento de alegría ante el dolor de otros, sea enemigo o discípulo rebelde tuyo."

Esto dicen las Escrituras

"Te va a servir el hacer el bien, de evitar los malos pensamientos acerca de los orgullosos y malvados. No seas testarudo. No te portes como una bestia." Salmo 73:13 y 22.

Deuteronomio 7:1-11

1. Dios es quien me hace entrar en la tierra que Él mismo me da. V.1.a.

2. Dios arroja a los que son más grandes y poderosos que yo. V.1.b.

3. Dios me advierte de que no debo hacer trato con lo que está destinado a la destrucción. V.2.

4. Hay cosas que no debo permitir que hagan mis hijos. V.3.

5. Hay cosas que si llegan a suceder, Dios se va a enojar muchísimo conmigo. V.4.

6. El desprecio trae destrucción. V10.

Reflexión

"Lo que desprecias acarrea destrucción."

Las relaciones se solidifican por medio de la aceptación y se destruyen por medio de los desprecios. El desprecio es como la devaluación de la moneda, algo que antes tenía valor ahora vale menos o ya no vale casi nada. Hay amores grandes que hoy son chicos o casi no existen porque con el paso del tiempo, una o las dos partes han llegado a la conclusión de que el otro ya no vale lo que antes valía. Y cuando se tiene certeza de la existencia del desprecio en la relación, el que ama entra en un proceso emocional que lleva a la destrucción de lo poco que le queda en la relación. Hasta Dios experimenta esa reacción emocional ante el desprecio al cual se ve sometido.

Como líder y seguidor debo estar muy atento a las primeras señales de desprecio que doy. Mi amor debe ser autenticado diariamente por medio de gestos de reconocimiento del valor que doy a la persona que digo amar. Lo micro y lo macro deben hacerse presentes en la línea de tiempo de cualquier relación de amor que establezco. No es suficiente asegurar verbalmente que estoy dispuesto a no dormir con tal de estar al lado del que amo cuando esté internado en un hospital. Si esa necesidad llega el que amo, debe haber experimentado muchos micro momentos donde demostré que él es más valioso que cualquier otra cosa. Si voy a dar mi vida por mi esposa amada que es asaltada, antes debo haber dado muestras de que me pongo como león furioso cuando alguien dice una pequeña palabra que la hiere injustamente. Y así podría seguir enumerando acciones que demuestran que no desprecio sino que respeto muchísimo todas y cada una de las relaciones que Dios me ha regalado.

Lo que es valioso para mí puede no ser valioso para el otro. Lo mismo pasa con el desprecio. De allí la importancia de tener en claro lo que la otra parte considera como signos claros de respeto a su persona. Para que no haya dudas, Dios desde siempre me dijo lo que Él considera falta de respeto a su persona: Decir que lo amo y no le obedezco. Le irrita muchísimo cuando alguien afirma públicamente que lo ama un montón y en lo privado le desobedece en todo. Cuando eso sucede, es que la relación está casi totalmente destruida, porque el amor se ha devaluado. Cuando el amor se va, "deja un espacio vacío que solo lo puede llenar la llegada de otro amigo". Pero ¿qué amigo puede suplir la partida del amigo Jesús?

Mi Oración

"Gracias porque al igual que mi esposa, no me dejas pasar ni una falta de respeto que estúpidamente puedo llegar a cometer. Eso demuestra que verdaderamente amas la relación que tenemos."

Esto dicen las Escrituras

"Desde el cielo estoy buscando a los inteligentes que me reconocen como Dios." Salmo 53:2

Ezequiel 34:12-31

1. Un buen pastor va en busca de las ovejas perdidas. V.12.a.

2. Los días de pérdidas son oscuros y llenos de nubes. V.12.b.

3. Las ovejas perdidas viven como extranjeros o presos. hambrientas, heridas y cansadas. V.13-16.

4. Al perdido, si uno es un buen pastor, debe ir a buscarlo. V.16.

5. La justicia debe ser igual para todos. V.17.a.

6. No todos son iguales: algunos son ovejas, otros carneros y otros chivos. V.17.b.

7. Algunos comen pero pisotean el pasto que no comieron. V.18.

8. Los más débiles se comen el pasto pisoteado y el agua revuelta de las ovejas más fuertes. V.19.

Reflexión

"Recuerda que los días de pérdidas son oscuros y llenos de nubes."

La vida es una sucesión de hechos de todo tipo. Hay días radiantes y días muy oscuros. En el proceso de existir se experimentan cielos despejados y neblinas cerradas, nubes oscuras, rayos y diluvios. El tema es que emocionalmente se viven diferentes según donde nos agarre la tormenta. Una cosa es estar bajo un techo sin goteras y otra es ser sorprendido sin paraguas en medio del campo.

Ahora bien, cualquier pérdida grande, por más que uno se halle en un refugio, va a oscurecer los ojos, la visión. El llanto descontrolado nubla, el torrente de preguntas sin respuestas confunde lo que antes era claro en la mente. Y es en esos momentos en donde como líder, debo ser linterna en la oscuridad, paraguas que evita que el chaparrón moje y enferme al que está de duelo por lo perdido.

La tendencia natural del que no ama es pensar que cada uno debe hacerse cargo de lo que le sucede. El pensamiento anclado en la mente es que "cada uno debe lamerse sus heridas." El permanente convivir con gente que solo piensa en su bienestar, termina en hacer creer que "nadie se va a preocupar por mí." La consecuencia de ello es el hábito de no compartir los dolores ante las pérdidas que se producen a lo largo y a lo ancho de la vida. Por eso, Jesús me ordena ser de consuelo con el mismo consuelo que recibo. El imperativo que poseo como discípulo es dar lo que se me da, sembrar lo que se me ha sembrado, compartir generosamente lo que generosamente se me ha concedido por gracia.

Caminar en la oscuridad por senderos de montaña, caminos llenos de ciénagas en los valles o llanuras, pisar piedras mojadas en los arroyos, es de alto riesgo. Sin una luz que alumbre, el final es cantado: heridas y en el peor de los casos consecuencias graves como la invalidez permanente o la muerte. De allí que se me hace responsable por no ser luz que ilumine la huella donde pisa la oveja de Dios.

Mi Oración

"Aumenta mi capacidad de tomar la iniciativa de acompañar como luz al que experimenta pérdidas."

Esto dicen las Escrituras

"Ya no me quedan fuerzas para seguir viviendo, ni espero nada de esta vida. No tengo nadie que me ayude, ni puedo valerme por mí mismo. Si en verdad fueran mis amigos, no me abandonarían". Job 6:11-12.

Hageo 1:1-15

1. Hay mensajes que deben ser dados a personas específicas en tiempos específicos. V.1-2.

2. En última instancia todo se reduce a qué o quién es prioritario. V.3.-4.

3. Hay que pensar seriamente en lo que estamos haciendo. V.5 y 7.

4. Es peligroso el pensar solamente en la necesidad de la casa de uno. V.6-11.

5. Hay condiciones que cumplir si uno quiere ver a Dios contento. V.11.a.

6. Hay condiciones que cumplir si uno quiere ver la grandeza de Dios. V.11.b.

7. A veces hay reacciones de mucho miedo ante lo que Dios dice. V.12.

8. Hay momentos en que debo hallar la manera de tranquilizar a los que tienen mucho miedo por lo que Dios les dijo. V.13.

9. El Dios Todopoderoso es quien debe poner el deseo de reconstruir lo que está destruido. V.14.

10. Las reconstrucciones siempre tienen un tiempo de comienzo. V.15.

Reflexión

"Debes hallar la manera de tranquilizar a los que tienen mucho miedo por lo que Dios les dijo."

Hay diferentes reacciones ante lo que Dios dice. Algunas son muy agradables pues dan seguridad y prometen provisión para las necesidades personales. Pero otras causan mucha intranquilidad y hasta en algunas oportunidades mucho miedo. Ningún profeta saltaba de felicidad cuando escuchaba que Dios iba a destruir la ciudad amada. Cataratas de sudor brotaron en los aterrados judíos que caminaban hacia el destierro de setenta años en Babilonia. Como líder debo ser instrumento divino para tranquilizar al que perdió la tranquilidad por escuchar y aceptar apropiadamente lo que Dios le dijo.

Hay seguidores que imperiosamente necesitan ser tranquilizados por alguien que cumpla la misma función de un espantapájaros del campo: Ahuyentar los "pájaros" dañinos que vienen a quitar la semilla sembrada.

Por supuesto que a la hora de tranquilizar al que tiene mucho miedo por lo que Dios dijo, lo mejor es ayudarle a recordar y reforzar su esperanza en lo que Dios prometió en forma personal. Pero siempre teniendo el cuidado de traer a mi memoria la realidad de que la esperanza que se tarda siempre duele. Y no solo duele sino que es una fuente de presión para tomar "atajos" en el camino de la obediencia. Le sucedió al padre de la fe y me sucedió a mí como líder. Sabiduría y revelación deben ser compañeras inseparables en el privilegio que me dan los seguidores cuando dicen: "¡Creo, pero ayúdame porque tengo mucho miedo!"

Mi Oración

"Que pueda imitar apropiadamente a los mentores que me ayudaron y ayudan con mis miedos."

Esto dicen las Escrituras

"Dios mío, estoy muy afligido, me siento muy amargado. Ya casi no tengo fuerzas. A nadie tengo más que a ti. Mí única fuerza eres tú. Tú eres mi Dios y mi dueño". Salmo 73:21, 26, 25 y 28.

Hebreos 10:32-39 (TLA)

1. Hay recuerdos que ayudan a seguir confiando. V.32.a.

2. Hay comienzos de la vida cristiana que son con dificultades y sufrimientos. V.32.b.

3. Las dificultades y sufrimientos no son impedimentos para dejar de confiar. V.32.c.

4. Sufrir y acompañar al que sufre persecución por causa del evangelio. V.33.

5. Hay que tener compasión de los que están en la cárcel por causa de Jesús. V.34.a.

6. Con alegría dejar que las autoridades quiten lo que son pertenencias. V.34.b.

7. Ser fuerte y por ningún motivo dejar de confiar en Dios cuando se esté sufriendo. V.36.a.

Reflexión

"Sé fuerte y por ningún motivo dejes de confiar en Dios cuando estés sufriendo."

Los gladiadores romanos no tenían opción: ganaban y seguían viviendo o eran derrotados y morían. Por eso peleaban en el campo de batalla con los dientes apretados hasta el último momento por sus vidas.

Los tiempos entre pelea y pelea eran solo para dar gracias por la victoria que había costado solo un ojo y prepararse para volver al día siguiente a derrotar a un nuevo enemigo con ese ojo menos. "Pase el que sigue" era la única expresión del esclavo que daba su vida por el honor y la fama de su dueño. Como líder nunca debo aceptar la imagen de que mi batalla se libra en una pantalla de computadora mientras alguien me hace manicura, masajes y otro limpia mi casco virtual. Menos aún debe anidar en mi mente la ilusión de que luego de una "agotadora pelea" donde el mouse quedó incrustado en mi mano derecha, me merezco un largo tiempo de descanso en alguna isla paradisíaca de Oceanía o el Caribe.

La imagen es: Si mi rey así lo desea, quiero pelear ya mismo la pelea que me toca pelear mañana.

Como líder maduro debo afrontar como un privilegio, el sufrimiento por causa del Reino. No se trata solo de creer sino de ser instrumento para que el enemigo vea la calidad de los que peleamos la buena batalla de la fe. Y por supuesto, también se trata de que los amigos del Rey, aprieten aún más los dientes para que no salga de sus labios la expresión: "me rindo." La valentía al igual que la cobardía, es contagiosa.

El inmaduro en la fe tiene un gran catálogo de razones lógicas por las cuales se puede explicar el por qué uno tiene el derecho de poner límites al sufrimiento por causa del Reino. El maduro solo una: "No puedo cambiar la gloria de morir por Dios por una pequeña aspirineta de alivio ante el sufrimiento que me causa el enemigo." La máxima de cualquier gladiador del Reino es: "Si sufro aquí reinaré con el Rey en el cielo."

Mi Oración

"Sigue ampliando la visión de que no existe jubilación en eso de sufrir por causa de Tu Reino. Fortifícame para pelear las mejores batallas en las décadas del diente postizo, los cabellos blancos como nieve y el ir varias veces al baño por causa de que la próstata ya tiene noventa décadas de andar funcionando."

Esto dicen las Escrituras

"Te he dicho: Contigo destruyo carros de guerra. Contigo destruyo ejércitos y generales. Contigo destruyo jefes y gobernantes." Jeremías 51:21 y 23.

1. Hay que recibir con mucha alegría al que retorna del campo de servicio. V.17.

2. Hay que contar lo que Dios hace por medio de uno. V.18-19.

3. Lo que digo y otros oigan debe producir oraciones de gratitud a Dios. V.20.

4. Hay que ponerse de acuerdo en qué se debe decir ante los que acusan desinformadamente. V.20-22.

5. Hay que hacer ciertas cosas que demuestren que no es cierto lo que algunos dicen. V.23-24.

Reflexión

"Debes hacer ciertas cosas que demuestren que no es cierto lo que algunos dicen de ti."

En el liderazgo siempre llega la hora en que algunas bocas se abren para hablar mal por información distorsionada que escucharon. Según como sea la estrategia que uno emplee para defenderse, serán los resultados. La peor, es devolver golpe por golpe como en el boxeo. Acusar al que es difamador es lo mismo que clavar un alfiler en el ojo de un toro enfurecido. Otro error que le siue es el callar, el no responder a las falsas acusaciones. En ese caso se pone en acción un reforzador de la máquina de destruir el buen nombre de uno. Es que hay una gran multitud que cree que... el que calla otorga.

Jesús demostró como líder permanentemente acusado de cosas que eran mentiras, que lo mejor es utilizar la fuerza de la falsa acusación para disolverla. El sabio espiritual no habla sino que realiza acciones que demuestran que lo dicho es de una falsedad evidente. Los hechos siempre son hilos fuertes que zurcen los labios del enemigo. Una acción correcta anula mil palabras mentirosas.

Se exige del que influencia a otros, creatividad para utilizar las circunstancias para desarmar argumentos del enemigo. Tener incorporada la mente de Jesús siempre es poseer una fuente increíble de respuestas creativas, una capacidad no común para silenciar a los acusadores falsos.

La verdad siempre puede ser escondida por el que odia a alguien o ve afectados sus intereses. Y ya lo dijo Dios: "No hay más ciego que el que no quiere ver." De allí que los destinatarios de mis acciones no es él, sino las personas que abren sus oídos a cualquier habladuría. Ellas necesitan ver para creer que lo que se dice de mí, es una mentira.

A Satanás continuamente Dios le tapa la boca con las acciones que efectuamos nosotros sus discípulos. Se retira presuroso cuando el Padre Celestial hace referencia a lo que millones de ángeles fueron testigos sobre el costo que afrontó alguien para ser fiel a su nombre.

Mi Oración

"Pon un freno, como a los caballos, a mis labios cuando el enemigo me acusa de algo falso. Dame sabiduría y revelación para saber cuáles son las mejores acciones que evidencian que es un mentiroso que abre su boca porque el aire es gratis."

Esto dicen las Escrituras

"Tus enemigos quieren acabar contigo. ¡Desean convertirte en una pared inclinada, una cerca a punto de caerse! Les encanta decir mentiras. De labios para afuera te expresan buenos deseos, pero en su pensamiento te desean las peores cosas. Solo yo, tú Dios, puedo darte tranquilidad, confianza, refugio. Yo te protejo y lleno de fuerzas. Confía siempre en mí." Salmo 62:3-8.

Jeremías 49: 1-6

1. La desobediencia abre las puertas para que otros se apropien del territorio. V.1.

2. Hay que esperar que llegue el día para echar a todos los que robaron. V.2.

3. Cuando viene la ruina por causa de la idolatría, solo queda llorar, gritar y hacer lamento.V.3.

4. La abundancia que uno posee, hace que brote el orgullo y el sentido de autosuficiencia. V.4.

5. El Todopoderoso provoca sustos, persecuciones, expulsiones, huidas. V.5.

6. Si hay planificada una expulsión, también hay pensado un regreso.

Reflexión

"Que la abundancia de lo que posees no te haga brotar el orgullo, ni el sentido de autosuficiencia."

En la batalla por ser quien debo ser, todo atenta contra el objetivo. Pero al mismo tiempo, todo ayuda a bien al llamado de ser, en cuanto al carácter, lo más parecido a Jesús. En la abundancia, como en los tiempos de mucha estrechez, dificultades, presiones, afloran las verdades de lo que uno es. Pero como los tiempos en que brotan las lágrimas son como imanes que atraen a la solidaridad, los gestos de auténtica amistad, son muchos menos peligrosos que los de abundancia, de fertilidad extrema de la tierra, de prosperidad grande en lo que uno hace.

La abundancia es peligrosa porque induce a creer que "el dame el pan diario" es solo un ritual. Con la cantidad de recursos disponibles en la bodega uno comienza a pensar que "en todo estoy suplido, no me hace falta nada más, no necesito que nadie me ayude," y otras muchas otras frases que intervienen para formar un catálogo del que, sin tener nada antes, ahora se cree autosuficiente.

La culpa por las consecuencias a mediano y largo plazo que ha de sufrir el líder autosuficiente, no hay que atribuírselas a la "abundancia." Son deformidades en la materia prima del ser con la cual se construyó a ese líder. El dinero, la fama, la cantidad de fuentes a las cuales acudir ante la necesidad, no son los "malos de la película." El que causó el problema tiene nombre y apellido: es el propio líder que no aprendió de la historia de los que ayer eran grandes y hoy son nada.

Desde otro punto de vista, soy culpable cada vez que pongo "abundancia" en manos de "pequeños cerditos." Ya lo dice el dicho, en ese caso, "no es culpa del chancho, sino de quien le dio de comer. " Voy a dar cuenta por los efectos colaterales negativos que provocan en mis seguidores el darles acceso, sin que estén capacitados, a la abundancia, al disfrute de lo que hay en los valles fértiles del servicio a Dios.

Mi Oración

"Si me vas a dar abundancia, que sea solo para dar, compartir con tu gente linda y quedarme solo con lo necesario."

Esto dicen las Escrituras

"Cuenta con mi apoyo. Tus enemigos saldrán huyendo."
Salmos 56:9.

Josué 5:2-9

1. Hay órdenes que requieren fabricar lo necesario para cumplirlas. V.2.

2. Hay que hacer lo que se manda. V.3.

3. Hay razones detrás de cada orden recibida. V.4-5.

4. La desobediencia no deja ver la tierra fértil. V.6.

5. Hay que quedarse quieto hasta que sanen las heridas. V.7-8.

6. Hay que hacer algo que ayude a recordar lo acontecido. V.9.

Reflexión

"Quédate quieto hasta que sanen las heridas."

Las heridas que no cicatrizan son un peligro. Ellas son puertas abiertas para las infecciones, pero también un freno para el caminar, para el moverse. De allí que ningún ejército va a enviar a pelear las batallas a soldados que están heridos o enfermos. Solo la desesperación lleva a un general a obligar a luchar a los que están postrados en una camilla.

Y aunque suena muy heroico eso de querer tomar un arma y regresar a la guerra todo envuelto en vendas, la verdad es que los soldados sanos prefieren tener como compañeros de trinchera a otros que estén en condiciones de moverse como ellos se mueven. No es bueno acompañar el ruido de las balas con los quejidos del herido. Las energías del soldado sano deben ser canalizadas hacia el enemigo y no en andar cambiando vendas. Para eso están los enfermeros y los médicos en la retaguardia. Como líder debo buscar la forma de que el que está muy dolorido por las heridas de la vida, entienda que es bueno para él y todo el equipo, que se tome un tiempo para recuperarse, para cicatrizar lo que duele. Dejarse atender no es debilidad ni cobardía, sino sabiduría práctica.

Hay imprudencias que se quieren hacer pasar por valentía, sacrificio, compromiso con la causa. Pero aunque al gato se lo quiera hacer pasar por liebre, gato es. Todo tiene su tiempo y eso incluye el tiempo de duelo por la muerte de alguien, el tiempo de reposo para el que esta pasado de "rosca," el tiempo para que las emociones alteradas por la traición, la injusticia, la desatención, el abandono, etc., vuelvan a su punto de equilibrio. Como líder debo aceptar como algo bueno la sugerencia o la orden de quedarme quieto hasta que se sanen mis heridas.

Siempre es bueno experimentar la libertad, por eso, desde la antigüedad todos huyen de la esclavitud. El que es obligado a seguir luchando mientras siente el dolor de las heridas, no es libre, es un esclavo de alguien. Pero la peor esclavitud es cuando uno mismo se ata al qué dirán si me tomo un tiempo para reposar de las heridas. Son muy pesadas las cadenas autoimpuestas por el sentido de creerse imprescindible.

Mi Oración

"Dame el suficiente amor por mis seguidores para obligarlos a quedarse quietos hasta que sanen de sus heridas."

Esto dicen las Escrituras

"Si no aguantas más, llámame aunque estés en el último rincón del mundo. Voy a ponerte sobre una gran piedra, donde quedarás a salvo del peligro. Yo soy tu protector, quien te defiende del enemigo." Salmo 61:2

Jueces 16:4-22

1. Hay necesidades que uno busca satisfacer de cualquier modo. Sansón=mujer. V.4.

2. Para vencer al enemigo se necesita saber cómo vencerlo. V.5.a.

3. El objetivo es lograr mantener al enemigo bajo nuestro poder. V.5.b.

4. El tipo de recompensa que se ofrece determina el nivel de compromiso que uno pone en el cumplimiento de la misión encomendada. V.5.c.

5. Hay poderes que rompen las cuerdas más fuertes y resistentes como si fueran hilos viejos. V.6-9.

6. La necesidad de ser amado soporta cualquier maltrato. V.6-15.

7. La insistencia con lo mismo quiebra la resistencia de algunas personas muy fuertes. V.16-18.

8. Hay lugares donde uno se recuesta que son peligrosos. V.19.

9. Hay pensamientos basados en el pasado que no sirven para situaciones nuevas. V.20.

10. Trae consecuencias graves el perder lo que da fuerzas. V.21.

11. Con el tiempo se puede llegar a recuperar lo perdido. V.22.

Reflexión

"El tipo de recompensa determina el nivel de compromiso que pones en la misión."

El tema de las recompensas que se reciben o se dan siempre fue planteado por Jesús en forma abierta. Los grandes compromisos solo se logran si la visualización del fruto de tal esfuerzo es algo grande.

El error más común que se comete al querer motivar a los seguidores es creer que todos son conejos y que por lo tanto a todos les gustan las zanahorias. Los seguidores son individuos diferentes a los cuales no siempre les gusta recibir lo que a otros les encanta. Algunos sueñan con recibir dinero, otros un título que confiera status dentro de una organización. Pero también existen "ovejas" que se transforman en leones y dan su vida por el pastor que las ama cuando un lobo ataca. Y hasta existen camellos que hacen lo imposible (pasar por el ojo de la aguja) con tal de estar al pie del trono del Rey de reyes.

Mi liderazgo crece a medida que, por las relaciones afectivas que establezco a todo nivel, logro descubrir el tipo de recompensa que satisface los deseos profundos que cada seguidor posee en lo más profundo de su ser. La excelencia en el nivel de comunicación es la clave a la hora de no errarle con las recompensas.

Hay misiones que fracasan por el desnivel que se visualiza entre costos demandados y recompensas ofrecidas. Por eso, las fuerzas del Hades no pueden contra la iglesia. Cuando uno visualiza lo que Dios ofrece con lo que da el engañador perverso, el oro que brilla se convierte en basura maloliente.

El límite de la presión al cual es sometida mi lealtad a Dios, crece si la amistad mutua se incrementa pero disminuye, si como Sansón busco cariño en faldas ajenas.

Mi Oración

"Que mi amistad contigo siga creciendo. Sigue dándome espíritu de sabiduría y revelación para discernir que fuera de ti, todo lo demás es cadáver de perro podrido."

Esto dicen las Escrituras

"Yo que soy el Creador del cielo y de la tierra, te cuido y te protejo por dondequiera que vayas. Siempre estoy a tu lado. Nunca me duermo." Salmo 121.

Levítico 27:26-34

1. No se puede ser generoso con propiedad ajena. V.26.

2. Lo que no está en la lista de aprobado puede ser utilizado. V.27.

3. Lo que es dedicado a Dios es algo muy especial. V.28.

4. Cuando algo se da es como si ya hubiese sido destruido o se hubiera muerto. V.29-30.

5. El propietario reclama un porcentaje fijo de todo lo que tiene vida: un diez por ciento. V.30-32.

6. El uso de propiedad divina exige como mínimo el pago del veinte por ciento. V.32.

7. Está prohibido entregar lo malo y quedarse con lo bueno. V.33.

8. Hay mandamientos que atacan a lo que se quiere ocultar. V.34.

Reflexión

"Cuando das algo, es como si ya lo hubieses destruido o se hubiera muerto."

El sentido de pertenencia es algo muy fuerte en el ser humano. Por eso enseguida aprendemos a diferenciar entre lo mío, lo tuyo, lo nuestro. La lucha por quién es el dueño de algo es compañía permanente de toda la vida. Aún en el servicio a Dios se hace presente. El compartir es algo que cuesta internalizar y hacerse hábito. Nos gusta mucho más el "mi" que el "tu."

Es siempre dolorosa la destrucción de algo que es de propiedad personal. La destrucción de lo ajeno, del extraño, del que no es prójimo querido, muy pocas veces se vive traumáticamente. Sin embargo, hasta la rotura de algo propio que es viejo, se experimenta como una pérdida. Por eso es que cuando uno da, quiere retener algo de los derechos cedidos. De allí esa frase que acompaña a la entrega del don: "Te lo doy, pero cuídamelo."

No es lo mismo ofrendar que ceder temporariamente algo. Con la ofrenda no hay devoluciones. Se da o no se da. Lo mismo pasa con el diezmo, los pactos, los cumplimientos de promesas, etc. Si doy y luego reclamo devolución, ese hecho denuncia que en realidad nunca di.

Por otro lado debo tener cuidado con la idea de la propiedad compartida. Todo lo de Dios es mío porque soy coheredero, hijo del Altísimo, hermano menor del Rey de reyes, etc. Pero eso no me debe hacer olvidar la otra cara de la moneda: Todo lo que tengo en realidad, en primer y último lugar, le pertenece al Padre Celestial. Si me olvido de esto último va a haber problemas graves cuando el Dueño del Universo me pida destruir o matar lo que me dio en custodia compartiendo el usufructo.

Me ayuda a no desubicarme el practicar frecuentemente el dar hasta que me duela. Las emociones que surgen al entregar, son buenas detectoras de que sí asumí realmente que lo que di con tanto costo personal, ese don ya no existe como cosa mía. La presencia de la alegría de que otro disfruta de lo que disfruté es señal de que voy por buen camino. El recuerdo con melancolía de lo lindo que era el tener en mis manos ese bien, persona o dinero, denuncia que aún siento que tengo algo de derechos sobre lo que di.

Mi Oración

"Dame inteligencia a la hora de no llorar por lo que una vez me diste para dar, sembrar."

Esto dicen las Escrituras

"Quiero que te entregues por completo para que mi gran poder sea tu apoyo." Salmo 63:8. BPT.

— Marcos 16:1-14 —

1. Hay obligaciones, que como vienen de generaciones en generaciones, se cumplen sí o sí. V.16.a.

2. Hay cosas que cuestan creer y uno da señales inconscientes de que no las cree. V.1.b.

3. Hay preocupaciones tuyas que ya están resueltas de parte de Dios. V.2-4.

4. Hay cosas que uno ve, que asustan. V.5.

5. Si yo voy, Jesús va antes que yo. V.6-7.

6. Temblar de miedo produce el no decir nada. V.8.

7. No siempre van a creer lo que yo veo. V.9-13.

8. Hay que reprender cuando se hace visible la falta de confianza y terquedad. V.14.

Reflexión

"Tus preocupaciones ya están resueltas de parte de Dios."

Hay palabras que son tan claras en sus significados y sin embargo, muchas veces las usamos mal. Una de ellas es pre-ocupación. "Ocuparse antes" cualquiera entiende lo que se desea expresar. Como líder es una palabra que me debe llenar de alegría y no de dolores de panza. Cualquiera que sea mi pre-ocupación tengo asegurado los recursos, el consejo, la dirección de parte de Dios. Eso debe darme paz. Él ya se ha ocupado de cada uno de los detalles necesarios para que yo pueda hacer su voluntad.

El problema con mis preocupaciones es que ellas son instrumentos del enemigo para disminuir mi falta de confianza y aumentar mi terquedad a la hora de "cortarme solo," de hacer las cosas a "mi manera" y no a la de Él. Muchas noches de insomnios y muchos purés de hipnóticos no hubieran existido si realmente fuera cierto eso de: "En tus manos he confiado mis caminos, confío en Ti, porque Tú harás."

Ante cada preocupación que brote por el tamaño excesivo de las piedras que se anteponen en la puerta, debe brotar un pensamiento como el que entonaba el pueblo ante los muros de Jericó: "¡Qué ruido va a producirse cuando las grandes piedras caigan a la orden de Dios!" Dios es grande pero le gusta, como a cualquier niño, utilizar montañas como el Everest para jugar a las payanas. El problema no está en el tamaño de la piedra, sino en el tamaño de mi fe en Dios.

No se me pide generar milagros, sino sólo caminar confiado hacia los lugares donde el poder de Dios va a manifestarse. Pero otra vez, si el milagro es grande, hasta el más santo desconfía. Hay momentos en que, a causa de mis incredulidades, puedo ver prodigios y maravillas de parte de Dios, y lo mismo no creer. Por eso el clamor permanente cuando las preocupaciones me hacen transpirar como testigo falso, es "creo, pero ayúdame en mi incredulidad."

Mi Oración

"Dame con un caño cada vez que me ponga terco a causa de mi incredulidad."

Esto dicen las Escrituras

"Eras como un toro salvaje pero pude domarte. Ahora sabes obedecerme. Yo te he dicho: eres mi preferido, te quiero más que a nadie. Es verdad que te reprendo, pero siempre pienso en ti. Te amo de todo corazón. Te tengo un gran cariño." Jeremías 31:18 y 20.

Números 31:1-47

1. Cuando hay confianza mutua, no hay cosas ocultas. V.1-2.

2. El no ayudar a alguien abre frentes de batallas futuras. V.3-4.

3. Alguien tiene que dar la señal de ataque. V.5-6.

4. Hay botines que son peligros. V.7-18.

5. Para estar delante de Dios hay que purificarse. V.19-20.

Reflexión

"Si tienes confianza mutua, no ocultes cosas."

La mayor riqueza de un hombre o una mujer es tener la certeza de que tiene amigos de absoluta confianza. Nada es más triste que terminar la vida con la experiencia de que nunca hubo alguien con quien andar desnudo sin avergonzarse. Dichoso siempre va a ser aquel que tiene un amigo, que se atreve a decirle lo que nadie más se anima a expresar.

Es amigo desleal el que calla lo que el otro debe saber para su bien. El que ama siempre halla valentía para compartir hasta lo que tiene certeza que va a conmover profundamente al amado. Es tan grande el amor que Dios tiene por sus amigos que no tiene empacho en decirles: "Apenas termines de hacer esto que te pido, vas a morir." Es que no hay lugar bajo el poncho para los secretos entre los que son amigos.

La amistad exige transparencia. Cada vez que se descubren cosas ocultas, esas cosas se constituyen en piedras que levantan muros entre los que se llaman amigos. El amigo de ayer dejó de serlo cuando la confianza depositada fue erosionada por el ocultamiento.

La confianza firme va expandiendo los límites de lo que se comparte. El mayor grado de amistad incrementa el nivel de exposición voluntaria que uno asume. Dime lo que no te atreves a decirle a un amigo y eso me permitirá identificar la medida de amistad que posees. Nadie se anima a traspasar los límites de lo políticamente correcto, si tiene dudas que lo que se comparte queda guardado bajo siete mil llaves. La boca abierta del que se dice amigo es un puñal en el corazón de las relaciones de amistad.

Dios no ha ocultado nada de lo que me conviene conocer. Por causa de mi amistad imperfecta con el que es perfecto, hay cosas que me dice que me cuesta aceptar como pruebas de su amor. Pero como amigo mío que es, jamás va a darme lugar para que lo acuse de guardarse cosas bajo su largo y ancho poncho. Mi amistad está creciendo a medida que le agradezco por su sinceridad para decirme de frente lo que otros no se animan a decirme. Hacer repetidamente oídos sordos a la voz valiente y desinteresada de un amigo, es la mejor forma de perder a ese amigo.

Mi Oración

"Gracias por hacerme tan rico al tener amigos y amigas con los cuales puedo entregar mi corazón a cielo abierto. Y por supuesto eres muy bueno al permitirme servirte para que otros sientan que pueden contar conmigo a la hora de abrirse con total libertad."

Esto dicen las Escrituras

"Yo soy tu refugio. Cuéntame todos tus problemas. Te he dicho muchas veces que aunque soy un Dios poderoso, también soy un Dios que te ama." Salmo 62: 8 y 11.

Salmo 62

1. Hay cosas que son exclusividad de Dios. V.1-2 y 5-6.

2. El objetivo siempre es acabar conmigo. V.3.a.

3. Emocionalmente puedo llegar a sentirme como una cerca a punto de caer. V.3.b.

4. Cerca puede haber gente que dice una cosa, pero desea otra. V.4.

5. Dios debe ser mi motivo de orgullo. V.7.b.

6. Hay lugares donde se deben contar los problemas. V.8.

7. Al comparar la ayuda humana, no vale más que un suspiro. V.9.

8. Es peligroso el vivir para hacerse rico a cualquier precio. V.10.

9. Dios me ha dicho muchas veces dos cosas: "Soy Poderoso, soy un Dios de amor." V.11.

10. Hay que dar a cada uno lo que merecen sus hechos. V.12.

Reflexión

"Debes tener un lugar donde se deben contar los problemas."

Desde el Edén, Dios me ha enseñado la importancia de tener lugares donde pueda con libertad dialogar, compartir mis dolores, hacer preguntas y escuchar respuestas. La carencia o la privación de esos "Edenes" personales, me ha causado muchos sufrimientos, aumentado la carga emocional y es la explicación de muchas malas decisiones que tomé.

Hay personas que han quedado frustradas y heridas por acudir a un lugar para contar sus problemas. En ese caso, el problema no está en el Edén, sino quién estaba en él. En el mismo lugar pueden atender el Poderoso que Ama y la serpiente que engaña para matar. Por eso debo dar seguridad a los que vienen a contarme sus problemas, que yo represento a Dios a la hora de escucharlos.

La mayoría de las personas busca compartir sus problemas solo cuando sienten que están a punto de acabar con ellos. Como líder inteligente, debo aprovechar los Edenes que tengo a mano para hacer micro descargas. Las mochilas muy pesadas hacen daño a la espalda.

Cuando uno se halla necesitado de contar sus problemas, cualquier persona le viene bien. Eso es peligroso. Hay ayudas que son pura ilusión, que valen menos que un suspiro, que luego demuestran que no pesan gran cosa a la hora de cumplir con la necesidad del que se animó a ir al Edén.

Mi liderazgo crece a medida que la gente va experimentando que Dios los escuchó por medio de mí. A medida que eso sea cada vez más real, me traerá un problema: Una fila larga de gente que quiere encontrarse con Dios. Ellos suplicarán, exigirán, buscarán mil y una formas para tenerme disponible para escuchar lo que los agobia. De allí la importancia de formar a discípulos que me ayuden a tener una gran cantidad de Edenes que se conviertan en confesionarios de los problemas. Nunca es bueno para la gente el pelearse porque saben que tienen un solo confesionario. Y tampoco es bueno para mí ser el único Edén. Si lo hago, corro los mismos riesgos que tuvo Moisés cuando escuchaba de sol a sol todo tipo de problemas de parte del pueblo.

Mi Oración

"Gracias por compartir conmigo tus amigos para que tenga libertad de contar mis problemas."

Esto dicen las Escrituras

"Solo en mí vas a hallar ternura como la halla un huérfano." Oseas 14:3.b.

Santiago 3:13-18

1. El que es sabio y entendido debe demostrar que lo es haciendo el bien y portándose con humildad. V.13.

2. El resultado de hacerlo todo por envidia o celos es vivir triste y amargado. V.14.a.

3. Hay que evitar el no tener nada de qué sentirse orgulloso. V.14.b.

4. Hay que evitar el faltar a la verdad. V.14.c.

Reflexión

"Debes evitar el no tener nada de qué sentirte orgulloso."

El orgullo no siempre es pecado. La soberbia sí lo es. Dios repudia al que tiene un exceso de estimación hacia sí mismo y hacia los propios méritos por los cuales esa persona se cree superior a los demás. Pero, los ángeles, el Espíritu Santo y el Padre se sienten orgullosos por lo que Jesús hizo en la cruz. Si nos centramos en la connotación positiva del término, el orgullo se vincula al respeto y a la valoración que un hombre tiene de su propia persona o de un ser querido, algo que está relacionado a su intención de vivir de acuerdo a sus valores. Y nadie puede negar que Jesús se llena de ese sentimiento de satisfacción hacia eso que le es propio (su Iglesia) o por ser amigo de un discípulo que alegra el corazón de su Padre Celestial.

La tristeza más grande es morir sin tener nada de qué sentirse orgulloso. Siempre van a existir momentos en donde el dolor más grande se sobrelleva cuando uno tiene la certeza de que valió la pena el esfuerzo. Saber que hay una copa esperando en las manos del Creador del Universo con su nombre, debe ser el mejor energizante para el que ha decidido correr la carrera de la fe.

Como líder debo mirar hacia atrás e identificar las acciones, actitudes, decisiones que trajeron alegría al Padre Celestial.

Cada uno entra a la lucha esperando que al final el compromiso se vea recompensado con algún premio. Y es verdad, todo tiene su premio. El problema es que a veces uno sueña con recibir grandes copas cuando en realidad el que premia dice que esos motivos ocultos tienen como única recompensa una copa chiquita de plástico reciclado made in china. Si en el interior profundo de mi vida el premio anhelado son los aplausos de hombres, el tener fama, dinero, salud, etc., la copa de juguete me está esperando.

La copa que me debe importar no es la que alguien me dé aquí abajo. La Súper Copa, la razón por la cual lucho y me esfuerzo, es la que está lustrando el Padre con sus manos para que mi nombre brille al lado del suyo. Mi copa ya existe, cada día de fidelidad y obediencia que vivo es una línea que se añade al discurso que va a pronunciar el galardonador cuando explique los motivos por el cual me entrega el premio diseñado desde la eternidad y para la eternidad.

Mi Oración

"Que hasta el último día de mi vida pueda sentirme orgulloso de que lo que digo, pienso y hago te da motivos para sentirte orgulloso de la clase de esclavos que la obediencia y el amor de Jesús te ha dado."

Esto dicen las Escrituras

"Yo te doy mi palabra: Quien haga lo bueno recibirá lo que merecen sus buenas acciones." Ezequiel 18:20 y 23.

2 Samuel 2:1-7

1. Hay que saber que luego de la expresión de la tristeza, van a venir pedidos. V.1.a. con 1:17.

2. El duelo se hace más llevadero si uno regresa a ciertos lugares. V.1.b.

3. El dolor es más llevadero si uno está acompañado por los que ama y por lo que da seguridad. V.2-3.

4. **El bien que uno hace siempre tiene alguien que lo ve.** V.6.a.

Reflexión

"El bien que tú haces siempre tiene alguien que lo ve."

El boca a boca es mucho más efectivo que cualquier campaña de *marketing* que uno ejecute. La gente naturalmente comparte lo que le parece bueno y lo que le molesta con su red de relaciones. Esa red a su vez se interconecta informalmente con múltiples redes. Eso explica el por qué algunas cosas llegan tan rápidamente al conocimiento de tantos.

En una cultura individualista, exitista, con carencia de lazos relacionales profundos, sin compromisos con el pasado, cualquier gesto de bondad hacia el que está en desgracia, es como una luz en la noche oscura. Siempre va a llamar la atención el ejercicio de la misericordia hacia el que no se la merece.

Lo que dijo Jesús siempre se cumple. Él afirmó que nada que se hace en oculto dejará de salir a la luz. Eso vale tanto para lo malo como para lo bueno. También enseñó que si uno se empeña en pasar desapercibido, siempre alguien se ocupará de acompañarlo hasta la primera fila donde sientan a la gente importante. De allí que como líder me hace mucho bien el persistir en tener un "perfil bajo" ante mis logros, mi esforzado compromiso con el servicio. Cuanto más lejos esté de los reflectores del escenario donde tantos quieren pisar para recibir un premio, mejor. Cuanto menos esfuerzo haga para que me den lugar en los informativos, mayores espacios en el noticiero central va a concederme el dueño de todas las redes de noticiarios del universo. Sólo es cuestión de tiempo el comprobar que Dios honra al que nunca busca ser honrado.

Por otro lado, uno que es autoridad escoge dónde quiere o le conviene aparecer. En cambio, los que son semejantes a los personajes de los *reality show* se desesperan por aparecer en cualquier programa. Su autoimagen pobre requiere estar al lado de los grandes o disfrutar a toda hora de estar frente a una cámara para dar a publicidad lo mucho que hacen o son. En el Reino de Dios, los grandes como Jesús, siempre tienen treinta años de anonimato.

En definitiva, es sabio el líder que, cuando las multitudes le ponen alfombras de palmas, huye de esas manifestaciones de grandeza lo más rápido posible para refugiarse sentado en una humilde piedra bajo una higuera. En el día final, esa piedra será reemplazada por un trono al lado del trono del Rey de reyes.

Mi Oración

"Quita cualquier raíz de amargura al ver que otros reciben crédito y a mí me ignoran. Dame la visión de que ellos son alumbrados por un fósforo mientras tú me estas preparando un reconocimiento que me va a hacer poner rojo de vergüenza por lo exagerado que será."

Esto dicen las Escrituras

"Sé que deseas con toda el alma estar en los patios de mi templo. Conozco que te mueres por llegar a ellos. Sigue avanzando porque cuando llegues a mi templo, vas a contemplarme a mí, el Dios verdadero." Salmo 84.:2 y 7.

www.ingramcontent.com/pod-product-compliance
Lightning Source LLC
Chambersburg PA
CBHW050326160726

48002CB00001B/194